# IA desde cero

(Inteligencia Artificial explicada de forma fácil)

# IA desde cero

(Inteligencia Artificial explicada de forma fácil)

Susana García García-Tuñón

A mis padres, por enseñarme a ser valiente.
A mis hijos, por conseguir que lo fuera.

# ÍNDICE DE CONTENIDOS

**Agradecimientos**

Para quién es este libro
Quién soy yo para hablarte de Inteligencia
Artificial
Cómo sacar provecho a este libro

¿Qué es la Inteligencia Artificial?
¿Para qué sirve la Inteligencia Artificial?
¿Cómo resuelve problemas la Inteligencia
Artificial?
¿Cómo aprende la Inteligencia Artificial?

Términos clave de IA explicados en lenguaje
sencillo.
Términos que pueden (o no) estar relacionados
con la Inteligencia Artificial, pero NO SON
Inteligencia Artificial (y que también deberías
conocer).

Miedos, mitos y vendedores de humo.

Que no te engañen: buenas y malas noticias.
Pero… ¿la Inteligencia Artificial me va a quitar el
trabajo?
Ventajas e inconvenientes de la llegada de la IA
según el tamaño de la empresa:
El efecto de la IA en distintas profesiones
El Impacto de la IA en distintos sectores
Oportunidades laborales y cómo prepararse para
ellas.
No todos somos iguales: consejos según tu nivel
de implicación.
¿Te quieres dedicar a la inteligencia artificial
profesionalmente? Por dónde empezar.

Qué es la IA Generativa y por qué deberías de
empezar a utilizarla hoy mismo.

# AGRADECIMIENTOS

A los soñadores. A la gente amable. A los que persiguen sus sueños y ayudan a otros a conseguir los suyos. A los que saben ver oportunidades donde otros solo ven problemas.

A los que han creído siempre en mí y quienes han sabido ver las cosas buenas que a veces me empeño en esconder. A todas mis versiones, a cada uno de mis tropiezos y a toda la gente que alguna vez me dijo "no" y me obligó a buscar otros caminos.

A Rita, mi pequeña, preciosa e inagotable perrita bóxer, porque sin sus constantes interrupciones para jugar con su jirafa de goma, este libro hubiera estado terminado dos meses antes, pero sin ella mi vida estaría incompleta.

A mis hijos, por creer incondicionalmente en mí y animarme siempre a que persiga todos mis sueños.

Pero, por encima de todo, a mis padres.
Por haberme demostrado que el esfuerzo y el trabajo siempre merecen la pena. Por haberme enseñado a seguir siempre adelante, a estudiar y seguir formándome, a ser buena persona y tener valores. Por inspirarme y ser un ejemplo a seguir cada día de mi vida.

# CÁPITULO 1
# INTRODUCCIÓN

¿Alguna vez te has sentido como si entraras en mitad de una clase de baile donde todo el mundo se sabe la coreografía menos tú, y has tratado de seguir los pasos del resto de alumnos sin lograrlo?

Pues así me sentí yo cuando traté de entender esta nueva revolución de la Inteligencia Artificial: como si hubiera entrado en mitad de la clase sin que nadie me enseñara los pasos básicos o me explicara todo desde cero.

Estoy segura de que, como yo, te habrás cruzado, haciendo scroll en alguna red social, con muchas personas que ofrecen una masterclass gratuita con la promesa de desvelarte los secretos que te harán millonario en dos días, o que te venden una formación de cualquier tema a la que añaden el apellido de "… & Inteligencia artificial" simplemente porque contiene un capítulo dedicado a ChatGPT.

Cada día conocemos cursos, masters y formaciones tituladas "IA para los negocios", "IA para ganar dinero", "IA para aumentar tu productividad" ... pero, aunque también son necesarias, **yo echaba en falta el paso previo**: alguien que explicara **las bases de la inteligencia artificial desde cero**, ayudándonos a entender los conceptos que todos deberíamos conocer.

En los últimos meses he buscado formación, he asistido a más de una decena de cursos (online y presenciales), he leído casi medio centenar de libros sobre el tema, pero, sobre todo, he escuchado las dudas, las inquietudes y, a veces, los conceptos mal entendidos, que tenían otras personas a mi alrededor.

Según iba aprendiendo, me he ido convirtiendo en la hija, hermana, madre o amiga tremendamente insistente que trataba de convencer a todos de que hicieran cursos, de que leyeran libros y de que aprendieran bien los cimientos de todo esto porque, por suerte o por desgracia, nuestra vida va a cambiar profundamente en los próximos meses.

La idea de este libro nace como un regalo para mi familia y amigos.

No encontraba un curso o libro que recomendarles para que entendieran bien la **inteligencia artificial desde cero**, así que después de haber estudiado y leído tanto sobre ello, pensé que tal y como hago en mis clases, sería capaz de explicar de forma sencilla los conceptos más complejos y "traducirlos" a un lenguaje fácil de comprender.

Llevo meses con la sensación de ver con claridad lo que se acerca y de darme cuenta de la transformación tan enorme que van a tener nuestras vidas, pero no quiero ser la única que es consciente del "tsunami" (perdonadme la comparación) que se avecina.
Quiero que todos estemos preparados.

Este libro pretende explicar de forma sencilla los conceptos clave que te van a permitir seguir aprendiendo o especializándote después.
El mundo de la inteligencia artificial evoluciona muy rápido. Solo en las dos últimas semanas Apple, OpenAI Anthropic o Google han anunciado cambios radicales que parecen sacados de películas de ciencia ficción.

Así que este es mi objetivo: que podáis entender la base, que conozcáis y probéis herramientas y, sobre todo, que con ese conocimiento podáis hacer frente a los miedos, aprovechar las oportunidades, y detectar las formaciones y aplicaciones que merecen la pena, y diferenciarlas de las que son únicamente "humo".

# PARA QUIÉN ES ESTE LIBRO

La idea principal de este libro es que CUALQUIER PERSONA sea capaz de entender las bases de la Inteligencia Artificial explicando de forma muy fácil conceptos que, a priori, pueden parecer complejos.

**No necesitas tener ningún conocimiento técnico, ni tan siquiera haber probado ChatGPT o cualquier otra herramienta de inteligencia artificial.**

**Sin embargo, esto no quiere decir que nos vayamos a quedar en un nivel muy básico o únicamente teórico. Todo lo contrario.**

Además de los términos más importantes, veremos los tipos de herramientas que podrán ayudarte a generar documentos, crear imágenes o vídeos desde cero y entenderás de qué forma la IA puede afectar a tu trabajo, o cómo prepararte y formarte, tanto si quieres dedicarte a ello, como si únicamente quieres estar al día y aprovechar todas sus ventajas.

Como os decía, **este libro no es únicamente para quienes no hayan utilizado nunca la IA.**

A estas alturas es bastante normal que ya te hayas cruzado alguna vez con el término "Inteligencia Artificial (IA)" o hayas escuchado a alguien de tu entorno hablar sobre ello. Seguramente alguien te ha contado que ha generado imágenes o ha hecho presentaciones de manera automática a través de una aplicación, o que su última receta de cocina se la pidió a ChatGPT.

Incluso puede que a estas alturas hayas probado a pedirle algo tú mismo (como solías pedírselo a Google) o generado alguna imagen o documento con alguna demo gratuita, pero, aun así, te sientes perdido.

Es absolutamente normal. Vivimos en un mundo que avanza tan rápido que nos resulta casi imposible estar al día de todas las novedades y procesar las decenas de conceptos o herramientas nuevas que surgen a diario.

Yo no recuerdo un momento igual y eso que me dedico profesionalmente a la tecnología desde hace 24 años. Aún no terminábamos de entender muy bien el concepto de *metaverso* y de repente, apareció ChatGPT en nuestras vidas.

Resumiendo, este libro es para:

- Personas que no saben qué es la inteligencia artificial, pero quieren aprenderlo.
- Personas que saben algo de inteligencia artificial pero no tienen claros (o bien asentados) los conceptos.
- Quienes quieran ir más allá de saber utilizar cuatro herramientas y, sobre todo, entender las palabras y conversaciones que escuchan cada día.
- Todos los que se cruzan en redes sociales con cientos de herramientas de IA, pero no saben diferenciar cuáles merecen la pena.
- Personas a las que les preocupa cómo va a afectar a su trabajo y a su vida la llegada de la IA.
- Quienes están pensando en formarse, pero están algo perdidos, no saben discernir qué cursos compensan y cuáles no, pero, sobre todo, no saben por dónde empezar.
- Madres y padres que quieren conocer lo que viene para poder aconsejar a sus hijos el camino a seguir.
- Cualquier persona que quiera aprender y adentrarse en un mundo que, os prometo, es fascinante.

Insisto en que **no** nos vamos a quedar en la superficie ni a conocer la IA solo a nivel teórico.

Además de aprender los conceptos, pretendo ayudarte a trazar una hoja de ruta según hacia donde quieras ir y hasta donde quieras llegar (profesional o personalmente) en el mundo de la IA.

**Podría decir que este libro pretende enseñarte a "caminar" y luego tú, decides hacia donde seguir, a qué velocidad o si, pese a todo, prefieres quedarte sentado (pero al menos, ya sabes caminar).**

# QUIÉN SOY YO PARA HABLARTE DE INTELIGENCIA ARTIFICIAL

No pretendo contarte mi vida. De hecho, puedes saltarte este capítulo si quieres.

Mi única pretensión es que sepas desde qué punto de vista te hablo de Inteligencia Artificial y por qué, y en qué contexto, me animé a escribir este libro.

Desde muy pequeña he vivido rodeada de tecnología. Mi padre trabajó toda su vida en IBM, lo que a mis hermanos y a mi nos hizo tener acceso a la tecnología mucho antes de lo habitual y, sobre todo, nos permitió entenderla, normalizarla y crecer con ella.

Aunque admito que cuando preguntaban la profesión de tus padres en el colegio yo sudaba teniendo que contestar "analista de sistemas" (algo que ni yo ni mis profesores entendíamos del todo), reconozco que esto ha supuesto una gran ventaja en mi vida.

Siempre recordaré el día que, cenando con mis padres y hermanos en la cocina, alguno de nosotros preguntó qué sería lo próximo en el mundo de los ordenadores.

- "Multimedia"- dijo mi padre - "Los ordenadores emitirán sonidos y veremos imágenes".

Recuerdo aquella frase como si fuera hoy mismo. En nuestras cabezas parecía algo de ciencia ficción y, sin embargo, hoy nadie se plantea que aquello fuera un gran avance. Puede que por ello me apasione tanto este mundo y me fascine ver la rapidez con la que somos capaces de normalizar cambios tan enormes.

Tener acceso a la tecnología desde tan pequeña me dio, además, un punto de vista diferente que creo que hoy sigo manteniendo.

En 2000 tuve la suerte de asistir en primera persona a la llegada de internet a los hogares españoles.

Yo trabajaba en el departamento de marketing de Hewlett Packard cuando escuché hablar de algo que se llamaba "internet" y, desde el primer momento, me quedé fascinada.

Pregunté a los ingenieros con los que trabajaba qué tenía que hacer, qué podía estudiar o cómo enfocar mi carrera para trabajar en Yahoo o Terra. Todos me contestaban lo mismo: que, o me dedicaba a escribir código noche y día, o no habría sitio para alguien con mi perfil.

De pequeña había trasteado con Basic en el ThinkPad de mi padre, e incluso en Hewlett Packard gestionaba bases de datos en UNIX, pero tenía claro que no quería convertirme en lo que yo, en aquel entonces, imaginaba como "un chico con sudadera y capucha que tecleaba miles de líneas de código durante la noche y comía pizza sin apartar la mirada de la pantalla".

Tenía que existir otro camino. Así que (tal y como hice hace meses con la inteligencia artificial) lo busqué por mi cuenta.

Como buena *early adopter* y con la fascinación (heredada de mi padre) que me suelen provocar estas cosas, comencé a leer libros sobre HTML en el autobús, e incluso me presenté voluntaria en la oficina para hacer unas páginas web que se utilizarían para una demo en el SIMO.

Dediqué mis fines de semana a hacer cursos y formarme sobre ello, renunciando a muchos planes, **pero aún sigo pensando que fue el tiempo mejor invertido de toda mi vida.**

Me obsesioné con trabajar en Yahoo o Terra y envié un currículo cada semana (en aquel entonces por correo postal). Finalmente, puede que por insistente, un 15 de noviembre de 1999 recibí la llamada que tanto esperaba, y en enero de 2000 entré a trabajar en Terra Networks.

Terra era el portal de internet de Telefónica, la empresa donde todo el mundo quería trabajar. Mis compañeros entrevistaban a actores, asistían a conciertos o cubrían noticias de deportes, pero a mí me tocó hacer algo tan "fascinante" como los formularios para darse de alta en la tarifa plana o ADLS. No me importaba. Había entrado en la empresa de mis sueños.

Poco a poco fui teniendo tareas más "agradecidas" pero, sobre todo, **empecé a conocer la realidad de internet desde dentro**, llegando a asistir en directo a momentos importantes como la llegada de Google a nuestras vidas, las primeras invitaciones de Gmail, los discos virtuales (primeros intentos de lo que ahora llamamos "la nube"), la primera retransmisión de un partido de fútbol o la llegada de la música online.

Cada mañana nos pedían que hiciéramos algo tan descabellado que tanto a mí, como a mi compañera de trabajo (y desde entonces gran amiga) Estela, siempre nos parecía imposible. Y ni que decir tiene que cada día, sin saber cómo, al acabar la jornada lo habíamos logrado.

Al salir por la puerta de la oficina mis amigos me bombardeaban a preguntas y comentarios que me recuerdan mucho al momento actual: *"pero eso de Internet es solo una moda, ¿no?"*, *"Para mí, donde esté el trato humano que se quite lo digital"*, *"No compraré nunca online porque me pueden robar mi número de tarjeta"* ... y algún tiempo después *"Me he instalado un navegador... ¿ahora qué hago?, no le veo ninguna utilidad"*.

Durante años, en cualquier conversación en la calle, se hacía referencia a la mal entendida "burbuja de internet", intentado demostrar que aquello llamado "internet" pasaría y no supondría cambios reales en nuestras vidas.

\*\*\*\*\*\*\*\*\*\*\*\*\*\*\*\*\*\*\*\*\*\*\*\*\*\*\*\*\*\*\*\*\*\*\*\*\*\*\*\*\*\*\*\*\*\*\*\*\*\*\*\*\*\*\*\*\*\*\*\*\*\*\*\*\*\*

 NOTA: La expresión "burbuja de internet", en realidad, hacía referencia a la sobrevaloración que tuvieron algunas startups tecnológicas (que provocó que recibieran financiación exagerada por parte de inversores), a la especulación que hubo en los mercados de valores y, como consecuencia, a la caída estrepitosa de muchas de ellas.

Resumiendo: el mundo entero y, sobre todo, los inversores se volvieron locos creyendo que cualquier empresa tecnológica fundada en aquellos años multiplicaría sus beneficios, cosa que, si bien ocurrió en algunas, no se cumplió en muchas otras.

\*\*\*\*\*\*\*\*\*\*\*\*\*\*\*\*\*\*\*\*\*\*\*\*\*\*\*\*\*\*\*\*\*\*\*\*\*\*\*\*\*\*\*\*\*\*\*\*\*\*\*\*\*\*\*\*\*\*\*\*\*\*\*\*\*\*

En Terra no convertimos entonces en lo que llamábamos con humor *"los músicos del Titanic"*: mientras los titulares de la prensa decían que "el barco" se hundía, dentro de las oficinas de Ática "la música no podía dejar de sonar", y teníamos que seguir trabajando como si allí no pasase nada.

Cada día escuchábamos más de 10 veces el comentario de *"Ya lo decía yo, esto era una simple moda"*.

Ni que decir tiene que internet no fue "una simple moda" y después de que la llamada "burbuja de internet" y la locura que trajo consigo desaparecieran, el mundo digital entró en nuestro día a día para siempre, transformando, facilitando y, muchas veces, mejorado nuestras vidas.

Nunca me consideraré experta en nada, pero creo que tengo un punto de vista que me permite beneficiarme de las similitudes de lo vivido en aquel entonces con el momento actual.

En **2016** asistí como alumna a un máster de IoT (Internet de las Cosas) donde escuché por primera vez hablar de Inteligencia Artificial, experimenté con la Realidad Virtual y Aumentada, conocí el mundo de los drones, descubrí la existencia del grafeno, e incluso armé mi primera placa base.

Pero, sobre todo, conocí lo que se estaba fraguando, compartí visón con expertos como Javier Sirvent, y grandes profesionales con los que trato de mantenerme al día gracias a un maravilloso grupo de WhatsApp en el que tengo la suerte de ir viendo todo lo que se avecina.

A finales de 2022 comencé a darme cuenta de que estaban empezando a "ocurrir cosas" y, desde entonces, comencé a leer, hacer cursos, a asistir a conferencias y, sobre todo, a trastear con todo tipo de herramientas de inteligencia artificial.

Me dedico al mundo del Ecommerce, WordPress y marketing digital, tanto como profesional como impartiendo clases en escuelas de negocios desde hace más de 15 años.

Estar en contacto con alumnos de distintas edades, procedencias y profesiones también me permite darme cuenta de las carencias y de lo necesario que es conocer bien las bases de la Inteligencia Artificial incluso para los, mal llamados, "nativos digitales".

A base de escuchar atentamente sus dudas, miedos y los conceptos mal entendidos que tiene ellos (u otros alumnos de los cursos a los que yo he asistido) he llegado a la conclusión de que hacía falta que alguien empezara por el principio.

# CÓMO SACAR PROVECHO A ESTE LIBRO

Si tuviera que decirte cual es el capítulo más importante de este libro, sería sin duda el titulado **"Todo lo que siempre quisiste saber, pero nunca te atreviste a preguntar."**

Te pido que le prestes la máxima atención a ese capítulo porque es la base de todo y está explicado de forma sencilla para que puedas entenderlo bien. De todas formas, iremos recordando lo más importante a lo largo de todo el libro.

Después veremos una **breve historia de la Inteligencia Artificial** (lo mínimo para tener un contexto y entender el momento actual, sin aburrirte con datos innecesarios) **y cómo puede afectar a los distintos tipos de trabajos o sectores.**

A continuación, nos adentraremos en el mundo de la **IA generativa** y, una vez entendidos bien los términos, veremos aplicaciones prácticas, y **herramientas para generar texto, imágenes, videos, presentaciones y muchas otras cosas.** Seguro que algunas de ellas, como ChatGPT, Midjourney, DALL-E, Gemini o Copilot, ya te resulten familiares.

Otro capítulo imprescindible es el de los **PROMPTS** que son, de alguna forma, "el idioma" con el que podremos hablar ahora con las máquinas. Veremos cómo crear tus propios prompts y aprenderás todo que deben incluir para obtener el máximo provecho de cualquier herramienta de inteligencia artificial.

Es un capítulo sencillo pero que constituye la base para que la IA y tú os llevéis bien y habléis el mismo idioma. Te servirá para comunicarte con cualquier herramienta que utilices a partir de ahora.

### APARTADOS "NIVEL AVANZADO"

El libro está escrito y pensado para personas que empiezan de cero. No obstante, he incluido algunos apartados dentro de cada capítulo que he llamado "Nivel avanzado" para quienes quieran profundizar más en algunos conceptos.

**Estos apartados son totalmente prescindibles y NO son necesarios para entender y poder avanzar con el libro.**

Puedes saltártelos, puedes leerlos o puedes incluso volver a ellos después de terminar el libro o consultarlos más adelante.

## ACTUALIZACIÓN CONSTANTE

Una de las cosas que más me preocupaba a la hora de escribir este libro es que, de verdad, fuera útil. Ello implica varias cosas: explicar todo bien, que tenga aplicación práctica y que no se quede obsoleto dentro de unos meses.

Veremos las herramientas más importantes (como ChatGPT, Midjourney, Claude, Gemini, DALL-E o Copilot), nombraremos otras muy conocidas para crear música, vídeos, avatares, clonar tu voz o hacer presentaciones en Power Point, pero, a la vista de los cambios tan importantes que surgen cada mes, me preocupaba cómo hacer que este libro estuviera siempre actualizado.

Por ello, **al final del libro, tendrás a tu disposición un código QR que te proporcionará acceso a listados, tutoriales, glosarios de términos o contenidos que te permitan estar siempre al día.**

---

NOTA: Me gustaría aclarar que a lo largo del libro me refiero a la "inteligencia artificial" como "IA" muchas veces. Unas veces está escrito con mayúsculas y otras no.
He intentado escribirlo de distinta forma para facilitar la lectura dependiendo del párrafo y la importancia que tiene el término en cada caso.

---

# CÁPITULO 2
# TODO LO QUE SIEMPRE QUISISTE SABER Y NUNCA TE ATREVISTE A PREGUNTAR

Ahora sí que sí, entramos en materia.

Este es probablemente el capítulo más importante de todos y en el que veremos:

- Qué es la Inteligencia Artificial (IA)
- Para qué sirve la IA
- Cómo resuelve problemas la IA
- Cómo aprende la IA

# ¿QUÉ ES LA INTELIGENCIA ARTIFICIAL?

Imagina que acabas de contratar a un becario en tu trabajo para ayudarte a realizar algunas tareas para las que tú no tienes tiempo. Le has contratado porque sabe hacer lo que tú necesitas y tiene conocimientos demostrables para ello.

Pero para que pueda ayudarte necesita dos cosas: primero **saber qué necesitas exactamente** (es decir, que le pidas o asignes ciertas tareas) y segundo que, poco a poco, **le vayas enseñando cómo hacerlas correctamente** para que te sirvan y cumplan los objetivos tuyos o de tu empresa.

Una Inteligencia Artificial (IA) es como ese becario, con la diferencia de que es capaz de hacer y aprender todo a un ritmo mucho más rápido que un humano.

Tiene un gran conocimiento y millones de datos en su "cerebro" pero, igual que al becario, tienes que decirle claramente qué esperas de ella. Con paciencia y un buen entrenamiento, la IA se va haciendo cada vez más experta en darte exactamente las soluciones que buscas e incluso llegando a trabajar de forma autónoma sin que le tengas que pedir específicamente que haga cada una de esas tareas.

# ¿PARA QUÉ SIRVE LA INTELIGENCIA ARTIFICIAL?

La IA sirve para muchísimas cosas.
En realidad, es como un teléfono móvil o un ordenador.

Si lo piensas, un móvil hace años era para llamar, buscar información en internet y mandar mensajes. Sin embargo, si ahora alguien te preguntara *"¿para qué sirve un móvil?"*, seguramente contestaríamos con otra pregunta como *"¿para qué no sirve?"*.
Porque, efectivamente, sirve para todo.

La IA también es así. No es una herramienta para un fin determinado. Es una tecnología que mejora y trata de optimizar cualquier cosa que hagamos con su ayuda.

Como ocurrió con otros avances tecnológicos, podrías vivir sin utilizar la Inteligencia Artificial, pero irías un paso por detrás de los que sí la utilizan. Y, sinceramente, estarías dejando pasar la oportunidad de simplificarte la vida, de aumentar tu productividad o de conseguir hacer algunas cosas increíbles que te ayudarían mucho en tu trabajo o tu vida cotidiana.

Puedes ir por la vida sin Google Maps, claro que sí.
Pero nadie pone ya en duda que ir mirando un mapa de carreteras tradicional mientras conduces, te puede complicar un poco la vida sin necesidad.

Así veo yo la irrupción en nuestras vidas de la Inteligencia Artificial.

**Es como tener un cerebro adicional que siempre está dispuesto a ayudarnos y con unas capacidades altísimas para hacerlo.**

Estos serían solo algunas de las cosas que una Inteligencia Artificial puede hacer por nosotros y que seguramente ya hayas escuchado en algún momento:

| | |
|---|---|
| Buscar información | Resumir textos |
| Generar ideas | Escribir emails |
| Planificar viajes | Reconocer voces |
| Recomendar productos | Asistentes de voz |
| Traducir idiomas | Detectar fraudes |
| Edición de fotos y vídeos | Analizar nuestra salud |
| Gestionar finanzas | Entrenamientos a medida |
| Atención al cliente | Juegos y pasatiempos |
| Control del tráfico | Educación |
| Organizar archivos | Aprender música |
| Contenidos para redes | Gestión de la agenda |
| Redactar documentos | Crear canciones |
| Análisis calidad del aire | Revisión de contratos |
| Recordatorios | Listas de la compra |
| Etc.... | |

De forma muy resumida podríamos decir que la IA sirve para:

• **Buscar e interpretar información de forma eficiente y muy rápida.**

Volviendo al ejemplo de nuestro becario, la IA sería capaz de acceder a una cantidad de datos tan grande, que sería imposible para cualquier humano y, mucho menos, de una forma tan rápida.

Imagina las aplicaciones que podría tener en el campo de la medicina, por ejemplo, acceder a millones de datos sobre enfermedades, diagnósticos y tratamientos.

• **Hacer las tareas de una forma más eficiente**

Este "becario" llamado IA que has "contratado" puede organizar todos tus documentos en segundos, clasificar la información que necesitas accediendo a cientos de archivos, o incluso programar tus reuniones según los huecos en la agenda, y todo de forma optimizada.

• **Automatizar tareas**

Una de las aplicaciones más comunes y atractivas que se le puede dar a la Inteligencia Artificial es la automatización de tareas, de tal forma que trabaje de forma autónoma y no tengamos que pedirle lo mismo una y otra vez.

Imagina que en vez de pedir a tu ayudante cada vez que recibas un email que lo archive en una carpeta determinada, le pudieras dar las directrices para que de forma automática lo haga solo en el preciso instante en que llegue a tu bandeja de entrada.

• **Ayudarte a tomar decisiones**

Imagina que este "becario" puede analizar millones de recetas en segundos y decirte qué puedes hacer de cena con los alimentos que tienes ahora mismo en la nevera.

O que pudiese estudiar rápidamente los datos de ventas de los últimos años y predecir cuál será el mejor momento para lanzar un nuevo producto.

O imagina un ayudante de un despacho de abogados capaz de tener toda la jurisprudencia memorizada capaz de encontrar cualquier tipo de información que necesitas para preparar un juicio.

La posibilidad de acceder a millones de datos en segundos, interpretarlos y poder hacer predicciones en base a ellos, supone ya grandes beneficios cuando se aplica a campos concretos.

Veamos algunos ejemplos:

En el ámbito de la **seguridad**: imagina los avances que supondría si la IA estuviera supervisando imágenes y videos en tiempo real, detectando actividades o movimientos sospechosos o no autorizados en una cámara de vigilancia.

En **marketing** podría ayudarnos a mejorar la experiencia de cada cliente analizando su comportamiento y preferencias, y hacerle recomendaciones personalizadas en base a ello.

En el ámbito **industrial** podría ayudar a conseguir un mantenimiento predictivo de la maquinaria en una fábrica, por ejemplo. Y así, si es capaz de analizar en tiempo real anomalías y sacar patrones sobre las causas que las provocan, podría ayudar a evitarlas.

En ámbitos como la **educación** la posibilidad de adaptarse a las necesidades de cada alumno y ser capaz, no solo de que aprendan algo sino de enseñarles a razonar el resultado o mantener la motivación cuando detecte caída de su interés, es solo otro ejemplo del mundo de posibilidades que abre la IA en el mundo de la formación.

A lo largo de este libro iremos viendo muchas otras ventajas y aplicaciones. Solo espero que a estas alturas te hayas quedado con la idea de que merece la pena seguir leyendo.

# ¿CÓMO RESUELVE PROBLEMAS LA IA?

La IA, como nuestro becario, empieza con muchas ganas y mucho conocimiento genérico, pero poco específico.

Se le "enseña" revisando ejemplos pasados.
Si su tarea es, por ejemplo, filtrar correos electrónicos importantes, al principio le mostraremos cientos de ejemplos de qué emails son importantes y cuáles no.

Con el tiempo, al igual que un becario que aprende a conocer tus preferencias e incluso manías, la IA comienza a entender los patrones: "*Ah, estos emails que mencionan 'factura' o 'pago' son siempre importantes*".

Una vez que la IA, como nuestro asistente, ha visto suficientes ejemplos, comienza a aplicar lo que ha aprendido de forma autónoma.

En el ejemplo de los correos electrónicos, si recibe uno nuevo que dice 'confirmación de pago', aunque nunca haya visto exactamente esa expresión, es capaz de identificar que se parece a 'pago' o 'factura', que ya sabe que son importantes, así que decide que este correo también debe serlo.

Al igual que un asistente, la IA se puede equivocar al principio, marcando algunos correos como importantes cuando no lo son, o pasando por alto algunos que sí lo eran.

Pero la IA aprende a base de cometer estos errores. Se le puede corregir diciéndole cuándo se ha equivocado, y con esta retroalimentación, ajusta su 'entendimiento' para hacerlo mejor la próxima vez.

Esta forma de aprender de los errores y aciertos se llama **'aprendizaje automático'**, que en inglés y en términos técnicos se conoce como **"MACHINE LEARNING"**.

A través del **'machine learning'**, la IA analiza y aprende de los datos que recibe, mejorando su capacidad de tomar decisiones con cada nueva información que le llega.
Con este aprendizaje automático, a medida que pasa más tiempo y recibe más datos (los correos en nuestro ejemplo), la IA es capaz de hacer su trabajo mejor y, además, de una forma más precisa.

Ya no solo reconocerá los correos importantes por palabras clave (que puede parecer más evidente), sino que también puede empezar a identificar la importancia de un correo por el tono del mensaje o incluso por quién lo envía.

Como ya te habrás imaginado, de esta forma, la IA se vuelve cada vez más indispensable y se convierte en una herramienta muy valiosa para ayudarnos a **automatizar procesos** y **tomar decisiones rápidas** basadas en datos, dejándonos así más tiempo para tareas que requieren creatividad y pensamiento crítico, que son donde la IA aún no puede competir con la mente humana.

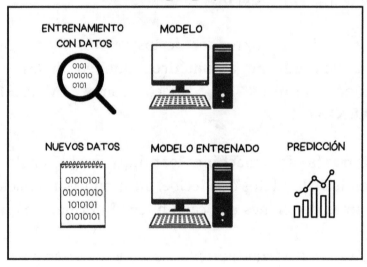

# Pero ¿Cómo sabe la IA lo que es un error?

Imagina que estás enseñando a un niño a reconocer fotos de frutas. Para ello le muestras imágenes de manzanas, plátanos y naranjas, y a cada imagen le colocas una etiqueta que dice qué fruta es.

Pues la IA aprende igual que ese niño:

- Predicción correcta: Si la IA ve una nueva imagen de una manzana y reconoce que es una manzana, eso es una predicción correcta.

- Error en la predicción: Si la IA ve una manzana, pero dice que es un plátano, entonces es un error.

- Aprendizaje del error: Le indicas a la IA que se ha equivocado y que la imagen era una manzana, no un plátano. La IA ajusta sus 'pensamientos' llamados **"algoritmos"**, (luego aprenderemos más sobre ellos) para hacer mejor la diferencia entre manzanas y plátanos la próxima vez.

- Aprendizaje continuo: Al igual que un niño, la IA va aprendiendo más cuantas más tareas hace y cuanto más *feedback* recibe.

# ¿CÓMO APRENDE LA INTELIGENCIA ARTIFICIAL?

## Procesamiento del lenguaje natural

Aunque haya recurrido a un ejemplo gráfico para que te cueste menos entenderlo, la Inteligencia Artificial aprende de muchas otras formas.
Es capaz de interpretar información gráfica, datos, pero también aprende a hablar y escuchar.

## Como un niño que aprende un idioma

El proceso para que un niño aprenda a hablar consiste en escuchar palabras, procesarlas y, con el tiempo, empezar a construir frases y mantener conversaciones.
La IA aprende de manera similar para procesar y entender el lenguaje humano, dentro del campo que llamamos "Procesamiento de Lenguaje Natural (PLN)".
Al principio, la IA puede no entender preguntas complejas o puede no saber formular respuestas coherentes, pero con entrenamiento (y muchos datos de conversaciones humanas), mejora de manera increíble su capacidad de comunicarse con nosotros.

## Prueba y error

Imagina un niño que está aprendiendo a caminar.
Lo intenta, se cae, ajusta la postura y lo intenta de nuevo, aprendiendo de cada error.
La memoria tan grande que tiene la IA le permite identificar los cientos de detalles que ocurrieron antes de caerse, y tenerlos en cuenta en su próximo intento.

## Retroalimentación

También igual que un niño, la IA aprende más de sus errores que de sus éxitos. Está diseñada para ajustar sus métodos y mejorar su rendimiento cada vez que comete un error. A este proceso lo llamamos **"retroalimentación"**.

## Rapidez

Ya habrás imaginado que la ventaja de la IA es que no solo tiene muchísimos maestros (cada usuario que utiliza por ejemplo ChatGPT está entrenándola), sino que lo hace todo más rápido.

Resulta imposible imaginar que el niño que aprende a caminar en nuestro ejemplo se cayera 3 millones de veces por segundo y aprendiera de ello, algo que la Inteligencia Artificial sí sería capaz de hacer con sus errores.

\*\*\*\*\*\*\*\*\*\*\*\*\*\*\*\*\*\*\*\*\*\*\*\*\*\*\*\*\*\*\*\*\*\*\*\*\*\*\*\*\*\*\*\*\*\*\*\*\*\*\*\*\*\*\*\*\*\*\*\*\*\*\*\*\*\*\*\*\*\*

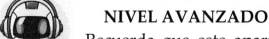

## NIVEL AVANZADO

Recuerda que este apartado es solo para quienes quieran profundizar más.

Puedes leerlo ahora, saltártelo o volver cuando acabes el libro. No afecta al resto.

## Aprendizaje Supervisado

Este método consiste en enseñarle a la IA cómo hacer las tareas de manera correcta, mostrándole datos que ya están etiquetados.

### ¿Cómo funciona el aprendizaje supervisado?

### Modelo de aprendizaje

La IA utiliza estos datos etiquetados y, en base a ellos, empieza a crear un modelo que intenta entender por qué cada dato lleva esa etiqueta.

Si por ejemplo le mostráramos imágenes de perros y gatos cada uno de ellos con la etiqueta "perro" o la etiqueta "gato", la IA intentaría aprender qué características hacen que sea uno u otro.

### Entrenamiento

El entrenamiento consiste en ir ajustando el modelo basándose en si sus predicciones sobre los datos con los que entrena son correctas o no. Es decir, con cada error o acierto que tenga la IA interpretando si la imagen que le muestran es un perro o un gato, haría ajustes en el modelo para disminuir las posibilidades de error la próxima vez.

## Validación

Después de entrenarlo, se prueba el modelo con datos nuevos que no ha visto antes, para ver si es capaz de hacer predicciones correctas.

Dentro del aprendizaje supervisado, podemos tener <u>modelos discriminativos y generativos.</u>

**MODELO DISCRIMINATIVO**

**MODELO GENERATIVO**

## Aprendizaje No Supervisado

Este método los datos no están etiquetados así que la IA los ordena en base a características comunes que detecta.

Es como si un niño tuviera que ordenar en grupos los juguetes de su habitación. Lo hará en base a la forma o al tamaño, pero no tiene una etiqueta que diga "esto es un balón", por ejemplo.

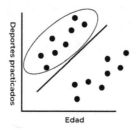

También puede tener modelos generativos y discriminativos.

## Aprendizaje Semi Supervisado

Este método utiliza datos etiquetados y no etiquetados.

# Diferencias entre el aprendizaje supervisado y no supervisado:

SUPERVISADO:
- Datos etiquetados
- Compara el resultado obtenido con el esperado y trata de disminuir esa diferencia

NO SUPERVISADO:
- Datos no etiquetados
- No compara el resultado con nada

\*\*\*\*\*\*\*\*\*\*\*\*\*\*\*\*\*\*\*\*\*\*\*\*\*\*\*\*\*\*\*\*\*\*\*\*\*\*\*\*\*\*\*\*\*\*\*\*\*\*\*\*\*\*\*\*\*\*\*\*\*\*\*\*\*\*

# CÁPITULO 3
# NO NOS LIEMOS:
# ¿QUÉ ES Y QUÉ NO ES IA?

En el mundo de la tecnología aparecen casi a diario nuevos términos.

Por ello, es absolutamente normal confundir conceptos, que llegan casi de forma simultánea a nuestras vidas y nos sentimos incapaces de "descifrarlos" todos.

## TÉRMINOS CLAVE DE INTELIGENCIA ARTIFICIAL EXPLICADOS EN LENGUAJE SENCILLO

No te asustes. Te prometí que este libro no iba dirigido a expertos y que todo lo explicaría de forma sencilla y sin utilizar expresiones demasiado complejas.

Sin embargo, hay una serie de términos con los que te vas a encontrar sí o sí en el futuro, tanto si te dedicas a algo relacionado con Inteligencia Artificial como si te encuentras con ella (y créeme, te vas a encontrar con ella) en tu día a día.

Aquí tienes una explicación sencilla de algunos conceptos clave relacionados con la Inteligencia Artificial (IA) con los que deberías empezar a familiarizarte cuanto antes.

## 1. Inteligencia Artificial (IA)

La Inteligencia Artificial es la tecnología que permite a los ordenadores y máquinas realizar tareas que normalmente requerirían la inteligencia de los humanos.

Es como un cerebro "artificial" que utiliza programas y datos para tratar de imitar la forma en que los humanos resolvemos problemas y tomamos decisiones.

Su ventaja principal es que lo hace accediendo a volúmenes de datos infinitamente más grandes y siendo capaz de procesarlos a una velocidad mucho más rápida.

## 2. Machine Learning

El Machine Learning (o aprendizaje automático) es una parte de la Inteligencia Artificial que permite a las máquinas aprender a base de entrenamiento.

Ello permite que no solo hagan tareas que les pedimos, sino que, gracias al Machine Learning, sean capaces de realizar acciones sin que hayan sido programadas específicamente para ellas.

Un ejemplo de Machine Learning son las recomendaciones de películas que te hace cualquier plataforma basándose en lo que tú eliges ver y en lo que elige la gente con gustos parecidos a los tuyos.

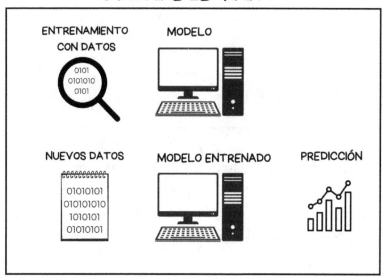

## 3. Algoritmo

Un algoritmo recoge una serie de instrucciones, paso a paso, que los ordenadores siguen para resolver un problema o poder realizar una tarea.

Es como una receta de cocina que le dice al ordenador exactamente qué hacer y en qué orden.

En las redes sociales, por ejemplo, un algoritmo es una fórmula compleja a través de la cual la red social decide qué contenido mostrar a un usuario (es una fórmula compleja basada, por ejemplo, en las publicaciones con las que interactúa, su localización, la hora a la que se conecta, …).

Es un término que no solo aplica en el mundo de la Inteligencia Artificial, pero es una de las bases de su funcionamiento.

## 4. Red Neuronal

Es un tipo de estructura utilizada en Inteligencia Artificial que imita el comportamiento del cerebro humano. Está diseñada para reconocer patrones y aprender a partir de ejemplos.

Una red neuronal está compuesta por "neuronas" (artificiales, lógicamente). Estas neuronas artificiales se organizan en capas y trabajan juntas para procesar información, aprender de los datos y tomar decisiones.

Se les llama "neuronas" para que nos resulte más fácil entender que estas estructuras procesan información de manera similar a como lo hace nuestro cerebro pero que, lógicamente, son artificiales.

## 5. Deep Learning

---

Es un tipo más avanzado de Machine Learning que utiliza redes neuronales con muchas más capas (de ahí lo de "profundo") para aprender y, gracias a ello, es capaz de hacer tareas aún más complejas.

Cuando le damos información o datos a la red neuronal (esa especie de cerebro artificial del que hablamos antes), la va procesando por capas.

Imagina que le damos una imagen y en la primera capa ve los píxeles que forman la foto, en la segunda se fija en las formas y en la tercera determina si es un perro o un gato. Es un ejemplo muy simplificado y casi infantil, pero creo que puede ayudarte a comprenderlo.

## 6. Procesamiento de Lenguaje Natural

---

PLN (en inglés, Natural Language Processing o NLP) es una rama de la Inteligencia Artificial que **se centra en que los humanos podamos hablar con los ordenadores a través del lenguaje natural** (en lugar de hacerlo a través de código). Gracias a ella podemos preguntar a los ordenadores algo en lenguaje natural y, no solo nos entienden, sino que, además, nos contestan también en el mismo lenguaje.

# 7. IA Generativa

La IA generativa es un tipo de IA que no solo entiende o clasifica información, sino que también puede crear o generar (de ahí su nombre) cosas nuevas por sí misma, como imágenes, vídeos, música o textos.

Profundizaremos sobre la IA Generativa más adelante.

# 8. LLM (Large Language Model)

Un Modelo de Lenguaje Extenso (LLM) es una tecnología avanzada de Inteligencia Artificial se basa en lo aprendido (Machine Learning y DeepLlearning) para predecir y generar texto de manera coherente.

Podríamos explicar los LLMs como un modelo que ha "leído" (es decir, has sido entrenado con) millones de textos. Gracias a todo lo que ha "leído", es capaz de escribir y hablar, responder preguntas, e incluso crear historias nuevas, casi como si fuera una persona.

Es uno de los grandes ejemplos de que la IA puede entender y replicar la comunicación humana, e ir mejorando con cada interacción con nosotros.

# 9. Prompt

Llamamos "Prompt" a cada instrucción que le damos a una herramienta de IA para pedirle que haga algo.

En inglés "prompt" no solo es la instrucción, sino que también puede ser un verbo ("to prompt") que significa "dar esa instrucción".

Es posible que hayas escuchado alguna vez el término **Prompt Engineering.** Se utiliza en el campo de la Inteligencia Artificial, especialmente en la IA generativa, para describir el proceso de diseñar y optimizar los "prompts" (recuerda, las instrucciones que le damos a una herramienta de IA) para obtener los mejores resultados posibles.

Aunque no es un idioma, a mí me gusta decir que aprender a escribir (o dictar) los prompts correctos, es como mejorar el lenguaje para que la IA nos entienda cada vez mejor.

Dedicaremos todo un capítulo a la fórmula perfecta para crear prompts.

En los últimos meses he visto a la venta listados de prompts para fines específicos, por ello pienso que merece muchísimo la pena aprender a hacerlos por ti mismo y además, te darás cuenta de que eres perfectamente capaz.

## 10. Inferencia

Aunque es un término bastante técnico, es posible que te cruces con él, así que me gustaría explicártelo para que, al menos, sepas lo que es.

Imagina que pedimos a nuestro becario que clasifique el correo que llega cada día en dos carpetas: importante y no importante. Al principio, le enseñaremos varios ejemplos de cada tipo para que entienda qué características hacen que un correo sea importante o no (por ejemplo, el remitente, el asunto o ciertas palabras clave que aparecen en el texto).

A este proceso de aprender a partir de ejemplos lo llamamos "**entrenamiento**", y es necesario para que cualquier sistema de inteligencia artificial (IA) aprenda.

Pero una vez que ha aprendido a clasificarlos (gracias a ese entrenamiento), cada vez que llegue un nuevo correo, debe decidir si es importante o no, y debe hacerlo sin que nadie le diga nada. A este proceso lo llamamos "**inferencia**".

Cuando hablamos de IA, la inferencia es el proceso en el que un modelo que ha sido entrenado previamente con muchos datos utiliza lo que ha aprendido para clasificar o tomar decisiones sobre nuevos datos por sí mismo.

## 11. Computer visión

Imagina que tienes una cámara "mágica" que no solo puede hacer fotos, sino que también puede entender lo que hay en esas fotos.

Es decir, no solo hace una foto de un parque, sino que, además, es capaz de decirte cuántos árboles o personas hay en ella.

Eso es básicamente lo que hace la visión por ordenador o *computer visión*. La visión por ordenador utiliza cámaras programadas para reconocer patrones, formas, colores, etc...y así, cuando capta imágenes, además es capaz de interpretarlas.

Imagina una cámara de seguridad de un banco que además de grabar, es capaz de detectar un objeto peligroso, o una cámara de una fábrica de galletas que puede detectar si una de ellas no tiene la forma correcta, y sacarla de la línea de producción antes de que llegue a la sección de empaquetado.

O imagina una cámara capaz de identificar el sexo y la edad de las personas que entran en un cine y, en tiempo real, cambiar la publicidad que se muestra antes de la película en base a esos datos.

**CURIOSIDAD:**

En realidad, sin saberlo, es casi seguro que ya te has cruzado con lo que llamamos **Computer Visión** en tu día a día.

No solo habrás utilizado el reconocimiento facial que tienen algunos teléfonos (Face ID de Apple, por ejemplo), sino que seguro que alguna vez, al rellenar un formulario, te han pedido que demuestres "que no eres un robot" a través de un CAPTCHA identificando imágenes.

El CAPTCHA (*"Completely Automated Public Turing test to tell Computers and Humans Apart"*) te habrá pedido alguna vez que identifiques pasos de cebra, semáforos o motocicletas. Seguro que no lo has pensado, pero en realidad llevamos años entrenando con datos la visión por ordenador, por ejemplo, para los coches autónomos.

En términos generales la visión por ordenador sirve para: clasificar imágenes, detectar objetos, detección y reconocimiento de caras, incluso reconocimiento óptico de caracteres (OCR) que consiste en detectar el texto que hay en un letrero o en un documento escaneado.

## 12. Sesgos y errores

El sesgo, cuando hablamos de Inteligencia Artificial, se refiere a tendencias o inclinaciones no intencionadas en los datos, que pueden llevar a resultados que no son del todo representativos.

Esto ocurre principalmente de tres maneras:

### Sesgo en los datos:
Imagina que la IA es como una persona que aprende observando ejemplos.
Si los ejemplos que ve no son variados o justos, entonces la IA también aprenderá de manera desigual o injusta.

Si solo le mostramos manzanas verdes, es probable que cuando le mostramos una manzana roja no identifique que es una manzana, o que cuando le pidamos fotos de manzanas, solo las muestre verdes.

### Sesgo en el diseño del algoritmo:

Además, a veces las reglas que usamos para enseñar a la IA pueden hacer que favorezca ciertas cosas sobre otras. Es como si a la IA se le enseñara a pensar que algunas cosas son más importantes que otras, lo que puede hacer que sus respuestas no sean correctas o no obedezcan a la realidad.

### Sesgo de confirmación en la interpretación:

Incluso si un modelo de IA es más o menos objetivo, los humanos que interpretan sus resultados pueden tener inclinaciones o sesgos personales que influyen en cómo utilizan o entienden estos resultados y no ser del todo imparciales.

# TÉRMINOS QUE PUEDEN ESTAR RELACIONADOS CON LA INTELIGENCIA ARTIFICIAL PERO NO SON INTELIGENCIA ARTIFICIAL (Y QUE TAMBIÉN DEBERÍAS CONOCER)

En los últimos años se han popularizado términos relacionados con la tecnología que, a menudo, se mezclan y confunden. Por ello, me ha parecido interesante mencionar los más importantes y que entendamos qué relación tienen (o no) con la Inteligencia Artificial.

# Big Data

Hablamos de Big Data cuando nos referimos a conjuntos de datos tan grandes y complejos que los programas y software normales no son capaces de tratarlos.

La principal ventaja del Big Data es que teniendo grandes cantidades de datos podemos identificar patrones e incluso conexiones que, con menos datos, podrían pasar desapercibidas. Estos patrones nos permitan detectar y predecir tendencias o adivinar futuros comportamientos.

### ¿Qué relación tiene con la Inteligencia Artificial?

En realidad, Big data es un término que hace referencia a grandes cantidades de datos, pero esto es algo que puede utilizar en muchos otros campos. Podríamos decir que la única relación es que la IA, a menudo, permite (y hace más fácil) procesar y analizar semejantes cantidades de datos y además se entrena con ellos.

# Robótica

La robótica es la tecnología que se utiliza para diseñar, construir y operar con robots. Los robots son capaces de hacer cosas de manera automática y se suelen utilizar en entornos en los que podría ser difícil o peligroso que lo hiciera un humano.

**¿Qué relación tiene con la Inteligencia Artificial?**

Algunos robots utilizan IA para realizar tareas complejas, por eso a veces se mezclan conceptos. Pero la realidad es que la robótica es un campo que incluye procesos mecánicos o electrónicos y que no siempre utiliza inteligencia artificial.

Ejemplo: un robot de limpieza doméstica que limpia tu casa podría también aprender tus preferencias de limpieza, tus horarios preferidos o qué áreas requieren atención frecuente, y adaptarse a ello a través de la IA, pero también puede existir este tipo de robots sin inteligencia artificial.

## Automatización

La automatización consiste en utilizar tecnología que realiza tareas de forma automática, reduciendo la necesidad de intervención por parte de un humano.

**¿Qué relación tiene con la Inteligencia Artificial?**

Son cosas distintas: La automatización puede ser algo tan sencillo como una máquina que hace lo mismo una y otra vez (imagina una máquina que ponga pegatinas de forma automática a unos productos). Pero como ya estarás imaginando, combinar automatización con inteligencia artificial puede ayudarnos a hacer tareas repetitivas y complejas de forma automática, lo que supondrá un gran avance en términos de productividad y ahorro de tiempo.

El enorme potencial que tiene unir la automatización con la inteligencia artificial hace que las herramientas que se están centrando en ello, sean de las más valoradas ahora mismo.

## Internet de las Cosas (IoT)

Internet de las Cosas (IoT) conecta objetos de nuestro día a día a internet, permitiendo que se envíen y reciban datos en ambos sentidos.

Por ejemplo, un reloj deportivo que envía a la aplicación del móvil (y al servidor que hay detrás) los datos de tu entrenamiento, utiliza IoT.

### ¿Qué relación tiene con la Inteligencia Artificial?

Son cosas distintas, aunque los dispositivos IoT pueden usar IA para mejorar su funcionalidad.

En el caso del reloj deportivo, la conexión y el traslado de datos utiliza únicamente IoT, pero la utilización de esos datos para sugerirte planes de entrenamiento o conocer tus preferencias, sí utiliza inteligencia artificial.

Otro buen ejemplo para entenderlo puede ser Google Maps: cuando hacemos una búsqueda en Google Maps, la aplicación se conecta a internet (Google Maps no es un dispositivo, pero sí el smartphone donde lo tenemos instalado) y obtiene datos de otros dispositivos IoT.

Estos dispositivos (sensores situados en carreteras o calles) recopilan datos sobre el tráfico y nos devuelven información en tiempo real sobre si hay un atasco o un accidente, e incluso nos sugieren una ruta alternativa.

Pero, además, Google Maps utiliza IA para ofrecer funciones como la estimación del tiempo de llegada basado en el tráfico en tiempo real, sugerencias de rutas más rápidas, reconocimiento de lugares mediante imágenes (Street View) y la interpretación del lenguaje natural en sus búsquedas (por ejemplo, si escribes "parking cerca del estadio Santiago Bernabéu").

La IA ayuda a procesar y analizar enormes cantidades de datos para mejorar la experiencia del usuario.

Por tanto, son cosas distintas, pero no solo conviven y se complementan, sino que juntas logran mejorar la experiencia del usuario de forma extraordinaria.

Si yo tuviera una nevera conectada a Internet, con un sensor que detectara, por ejemplo, que se terminaron los yogures y se conectara a la web del supermercado para hacer una compra automática, hablaríamos de IoT

(Internet of Things) pero no de Inteligencia Artificial.

Sin embargo, ese mismo frigorífico inteligente (IoT) que te permite ver su interior en tu teléfono a través de una cámara, podría utilizar IA para reconocer los tipos de alimentos que tienes en la nevera y sugerirte recetas o recordarte cuando algo está a punto de caducar.

# Metaverso

El Metaverso es un mundo virtual online donde las personas pueden interactuar, trabajar y jugar a través de avatares que los representan.

Estos avatares pueden ser inspirados en ti o parecerse a una persona real, pero no siempre es así.

En "metaversos" infantiles como el videojuego *Animal Crossing* de Nintendo, puedes tener un avatar en forma de personaje animado (o un animal) que configuras a tu gusto y te representa dentro de ese mundo virtual.

### ¿Qué relación tiene con la Inteligencia Artificial?

Mientras que el metaverso puede utilizar la IA para algunas interacciones, en realidad no tiene nada que ver, porque se trata de un concepto de realidad virtual extendida.

# Realidad Virtual y Realidad Aumentada

La tecnología avanza tan deprisa que, si no nos dedicamos a ello, no nos da tiempo a asimilarlo. Por ello, aunque a algunos les parezca una tontería, no son pocas las personas que mezclan los términos como "Inteligencia Artificial" con los de "Realidad Virtual" o "Realidad Aumentada", cuando son cosas totalmente distintas.

La REALIDAD VIRTUAL utiliza dispositivos (unas gafas, y a veces también auriculares) para sumergirte completamente en un mundo virtual y aislarte del real, llegando a hacerte pensar que estás en otro lugar.

La REALIDAD AUMENTADA, sin embargo, superpone imágenes y datos virtuales (o digitales) sobre el mundo real, también a través de dispositivos como las gafas.

Es decir, tú ves lo que en realidad hay a tu alrededor, pero "aumentado" superponiendo objetos que no son reales.

Por ejemplo, tú puedes estar en la cocina de tu casa y que a través de las gafas veas un elefante "virtual" dentro de ella interactuando con objetos reales que sí son reales.

Los filtros de Instagram y TikTok que muestran tu cara real, pero con algo añadido, son otro ejemplo de Realidad

Aumentada.

### ¿Qué relación tiene con la Inteligencia Artificial?

La realidad virtual puede utilizar IA para mejorar la experiencia, y la realidad aumentada puede utilizar IA para lograr, por ejemplo, mejorar la interacción y el reconocimiento de objetos en el mundo real.

De hecho, grandes de los avances que estamos viendo últimamente (y de los que veremos en los próximos meses), van por este camino.

# Chatbot

---

Podríamos decir que, aunque no es un término exclusivo de la Inteligencia Artificial, está cada vez más relacionado con ella.

Aunque existen chatbots que no utilizan IA, cada vez son más limitados, ya que la IA les confieren un mundo de posibilidades y los costes de integrarla son bastante asequibles.

Estos chatbots sin IA son los basados en reglas o "chatbots de flujo de decisiones" y funcionan de la siguiente manera: programamos respuestas para las preguntas más frecuentes (del estilo "si el usuario pregunta esto, contesta esto otro") pero son respuestas "enlatadas" lo que hace que muchas veces para la persona que consulta algo llegue a ser bastante frustrante porque no terminan de entender el contexto de la conversación.

Imagina que le preguntas si va a bajar el precio de un producto en una tienda online. Puede detectar la palabra "precio", buscar en el listado de preguntas que le han "preparado" y contestar con las respuestas predefinidas, que a menudo puede no tener nada que ver con lo que tú en realidad necesitas.

### ¿Qué relación tiene con la Inteligencia Artificial?

Pues cada vez más, porque, como te decía, los chatbots más actuales ya utilizan IA y, sobre todo, procesamiento del lenguaje natural (PLN) y aprendizaje automático para entender mejor a las personas con las que interactúan y contestarles de manera más eficiente.

Como te imaginarás, esto permite contestar a muchísimas más preguntas y dudas reales de los usuarios y es lo que los hace efectivos y útiles de verdad.

Por eso, y por el bajo coste que supone integrar la IA en ellos, cada vez es más extraño encontrarnos con chatbots que no utilicen inteligencia artificial.

# MIEDOS, MITOS
# Y VENDENDORES DE HUMO

## MIEDOS

No es extraño que a lo largo de estos meses y, sobre todo, desde la llegada de ChatGPT a nuestras casas, te hayas cruzado con todo tipo de comentarios, desde que una máquina nunca podrá sustituir a un humano, hasta algunos alertando de que nos quitarán el trabajo.

Podría decirte la ya tan escuchada y leída frase de *"La IA no te quitará el trabajo, pero si lo hará alguien que sepa utilizarla"*, pero no solo la hemos escuchado demasiadas veces, sino que no es del todo cierta.

Todos los cambios y los avances (y la Inteligencia Artificial supone uno bastante grande) generan temores y preocupaciones exageradas.

No quiero decir con esto que los cambios no tengan consecuencias de todo tipo. Lo que digo es que tenemos que contextualizar para darnos cuenta de que no todos los miedos son fundados.

Veamos algunos momentos de cambio parecidos por los que ya pasamos y que trajeron temores parecidos.

La llegada de la **agricultura** hizo que el hombre pasara de una vida nómada a una vida sedentaria y empezara a cultivar la tierra. Surgieron dudas y miedos sobre si quedarse en un lugar fijo podía traer consigo falta de alimentos, posibles ataques de invasores, o no poder huir de determinados desastres naturales.

La **Revolución Industrial** y la mecanización de procesos que trajo consigo, generó también muchísimo temor (muchas veces fundado) por la posibilidad de perder empleos y los cambios en las condiciones laborales.

Pero es que, en sus inicios, incluso la **electricidad** fue vista con recelo por el miedo a las electrocuciones. La llegada de **automóvil** sería otro de los cientos de ejemplos que podríamos mencionar.

En todos ellos, aunque es cierto que hubo cambios radicales con efectos colaterales (buenos y malos), también se generaron incertidumbres, miedos y se alertaba de los posibles peligros. Ni que decir tiene que en todos los casos (sin negar que hubo problemas, por supuesto), se produjeron avances que mejoraron tanto nuestras vidas que casi no nos imaginamos vivir sin ellos.

La última de estas enormes revoluciones, fue **la llegada de internet** que tuve la gran suerte de vivir desde dentro.

Ya os he contado que en el año 2000 entré a trabajar en Terra Networks, el portal de contenidos más importante de habla hispana y el principal ISP (Proveedor de Servicios de Internet) en España. Ello me proporcionó una visión privilegiada y, sobre todo, **me hizo comprobar la visión tan diferente que se tenía dentro de una empresa de internet (las llamadas "puntocom") y fuera de ella, cuando salías a la calle y escuchabas cualquier conversación.**

Ninguno de nosotros imaginamos nuestras vidas sin internet y, lo que en un principio para todos consistía en entrar en una web y buscar algo (parecido al uso que la mayoría de las personas le están dando ahora a ChatGPT), la red ha "invadido" ya todas las facetas de nuestra vida.

Escuchamos música en Spotify, vemos películas o un partido de fútbol en el móvil desde cualquier lugar, utilizamos Google Maps para llegar a un sitio, le consultamos cosas a Siri, hablamos con familiares por WhatssApp o aprendemos recetas de cocina en YouTube, y todo esto, lo hemos llegado a normalizar de una manera asombrosa.

Con esto no pretendo decir que todos los miedos sean infundados. **Nadie puede negar que la irrupción de la IA en nuestra vida cotidiana tendrá grandes efectos, y serán de todo tipo, buenos y malos.**

Lo único que pretendo es poner en contexto ese miedo y sobre todo que tengamos información para evitar que nos paralice.

Resumiendo: conocer cómo funciona la IA es importante para evitar que el miedo a lo desconocido nos impida **disfrutar de todas sus ventajas y estar preparados para protegernos de sus posibles peligros** mientras nos adaptamos a los cambios según llegan.

## MITOS

Veamos algunos de los mitos con los que solemos encontrarnos últimamente cuando se habla de inteligencia artificial.

- **La IA puede volverse consciente y rebelarse contra los humanos.**

Era de esperar. Hemos visto demasiadas películas (como "Terminator" o "Yo, Robot") donde las máquinas se vuelven conscientes y se rebelan contra los humanos.

La realidad es que la IA, tal como la conocemos hoy, está lejos de ser consciente. La IA funciona basada en algoritmos y datos; no posee deseos, motivaciones propias ni conciencia.

Una cosa es que una herramienta basada en IA pueda simular emociones y otra muy distinta es que las sienta.

## • La IA sustituirá casi todos los trabajos

La automatización de tareas rutinarias, la cantidad de datos a los que puede acceder la IA y la rapidez en hacerlo, la sitúa como el trabajador más aventajado de cualquier empresa. Es absolutamente normal que tengamos miedo y cierto rechazo porque lo veamos como ese "nuevo becario, algo repelente que lo hace todo bien".

La realidad es que estamos ante una transformación sin precedentes del trabajo.
Es cierto (lo queramos admitir o no) que la IA sustituirá en algunos casos a personas con empleos rutinarios y repetitivos o que consistan, únicamente en buscar información.

En otros casos, no sustituirá trabajos, pero aumentará la productividad de quienes los realicen, por lo que menos personas podrán hacer lo mismo, y por ello algunas plantillas se podrían reducir.

Sin embargo, también está creando nuevas oportunidades de empleo, especialmente en áreas que requieren análisis y manejo de la propia tecnología de IA, además de sectores completamente nuevos, algunos de los cuales no somos aún capaces de imaginar.

En capítulos posteriores nos adentraremos en cómo

puede afectar según el tamaño de la empresa, según el sector y veremos cómo prepararnos para ello.

Pero insisto, sea cual sea nuestro caso, conocer los cambios que vienen siempre nos servirán para estar preparados y, sobre, todo aprovechar las ventajas que nos brinda cualquier revolución de este tipo.

## • La IA es Infalible

A todos nos ha dejado con la boca abierta cada avance que presentan empresas como OpenAi, Google, Apple o cualquiera de las grandes, casi a diario.

La velocidad en procesar información, la habilidad para entendernos (incluso cuando no nos explicamos del todo bien) la eficiencia y las capacidades que vemos aumentar día a día, nos hacen pensar que la IA es perfecta e infalible. Pero la IA no es perfecta.

**La IA solo es tan buena como la calidad de los datos con la que está entrenada.**

**La calidad de las respuestas muchas veces viene definida por la calidad de las preguntas.**

Ello quiere decir que tiene errores y sesgos, que vendrán de los datos con los que se entrena e incluso los amplificará y por ello, la supervisión humana seguirá siendo necesaria.

## • La IA puede sentir como los humanos

Muchas veces tendemos a otorgar a la inteligencia artificial cierta "humanidad".

La llegada de ChatGPT-4o supuso un gran avance en la expresividad de la voz, en su capacidad para interpretar si un rostro está triste o no, nos sorprendió con voces que parecían mostrar emociones y ello nos hace pensar en que detrás hay ciertas "cualidades humanas".

Pero que la IA tenga un tono de voz con cierta expresividad o que simule emociones no quiere decir que las tenga. Solo significa que es capaz de imitarlas, y siempre basándose en patrones y datos.

Pero esto, que además puede ser peligroso si hablamos de suplantaciones o comportamientos no demasiado éticos, no le confiere cualidades humanas.


## • La IA sólo beneficia a las empresas grandes

Aunque las grandes empresas tecnológicas son las que desarrollan los modelos y estándares más importantes, en realidad la IA abre un mundo de posibilidades a empresas "medianas" y pequeñas de sectores muy diferentes.

Por ejemplo, una empresa farmacéutica o financiera pueden utilizar los desarrollos de las grandes empresas tecnológicas, pero teniendo acceso a datos concretos de su sector, lo que les puede ayudar a crear (o colaborar para crear) modelos más específicos entrenados con datos del sector.

Además, precisamente el aumento de la productividad, la rapidez y la eficiencia desarrollando tareas que trae consigo la IA, permiten a empresas más pequeñas crecer sin necesidad de tener los recursos de una gran empresa.

## VENDEDORES DE HUMO

A lo largo de mi vida he visto como las novedades (y la velocidad con la que llegan a nuestras vidas a través de noticias y redes sociales) generaban mucha confusión.

Algunas veces, cuando no conocía a fondo un tema, yo he sido víctima de conceptos mal explicados o he observado atónita cómo se afirmaban sin pudor cosas que después descubrías que no eran del todo ciertas.

Otras veces, cuando conocía bien el tema del que se hablaba, me sorprendía la facilidad con las que se explicaban mal algunos conceptos y, lo que para mí es más grave, se cobraba dinero a base de generar "miedos" o vendiendo formaciones o productos que en realidad eran puro "humo".

*"A río revuelto, ganancia de pescadores"*, **como reza el refranero español.**

Un ejemplo muy reciente fue el metaverso. Nadie (exceptuando empresas como Imascono o profesionales que llevaban años dedicándose a ello) sabía aún lo que era y ya se vendían formaciones, incluso masters para aprovechar el tirón que tenía el término. Algunos se dieron cuenta de que, si incluían el término "metaverso" en el título de un curso, podían duplicar el precio... y, en algunos casos, era todo "humo".

Las redes sociales se llenan estos días de "gurús" en ChatGPT que te prometen que serás un experto en IA solo por copiar y pegar instrucciones (prompts) que, en realidad, son de principiante:

*"ChatGPT, imagina que eres un experto en marketing y haz esto..."*
*"Necesito hacer (una tarea). Hazme 5 preguntas con cosas que necesites saber para ayudarme".*
*"Cómo hacer un Power Point utilizando ChatGPT"...*

En capítulos posteriores aprenderás a crear, mejorar y perfeccionar tus propios prompt y me darás la razón en que es algo muy sencillo y por lo que no merece la pena pagar.

Yo misma he pagado por cursos que no servían para nada, o con los que aprendía conceptos útiles pero que no justificaban su precio.

Por eso creo que es fundamental conocer las bases y aprender a hacer tú mismo cosas tan sencillas como crear prompts de calidad.

Te puede ayudar a saber diferenciar el tiempo y el dinero que merece la pena invertir en formación o servicios sobre el tema, y siempre acorde a lo que necesites en cada momento y a tu nivel.

# CÁPITULO 4
# LA IA EN TU VIDA (SÍ, EN LA TUYA)

Una vez hemos aprendido los conceptos más importantes, vamos a pasar a la acción y a entrar en las herramientas y, sobre todo, en cómo la IA va a afectar a tu vida.

## HERRAMIENTAS DE IA QUE YA ESTÁS UTILIZANDO SIN SABER QUE ERAN IA

Me creas o no, ya te has cruzado con la Inteligencia Artificial en tu vida cotidiana y, seguramente, más veces de las que piensas.

¿No me crees? Deja que te lo demuestre.

- **Asistentes de voz**

¿Alguna vez has hablado con Siri, Alexa o cualquier asistente de voz en tu teléfono? Pues estos asistentes que responden preguntas, ponen la música que les pides o te dicen qué tiempo va a hacer mañana, utilizan la IA para procesar y entender lo que les pides y saber así cómo ayudarte.

- ## Recomendaciones de películas y música

Cuando Netflix te sugiere una película o Spotify te ofrece una lista de canciones que cree que te podrían gustar, es la IA la que está trabajando "detrás de las cámaras". La IA analiza lo que has visto o escuchado antes, lo que has dicho que te gusta e incluso lo que les gusta a otras personas con gustos similares a los tuyos para hacerte estas recomendaciones.

- ## Fotos en el teléfono

¿Te has fijado que tu teléfono puede reconocer caras en las fotos y sugerirte que etiquetes a tus amigos o familiares? Esto también es trabajo de la IA, que aprende a reconocer rostros y en base a ello, te sugiera esa clasificación.

- ## Traductores

Herramientas como Google Translate utilizan IA para ayudarte a traducir palabras y frases de un idioma a otro casi en tiempo real. Lo verdaderamente asombroso (aunque lo hayamos normalizado ya) es que la IA no solo traduce palabra por palabra, sino que trata de adaptar a toda la frase o párrafo para que tenga sentido.

- ## Correctores

Cada vez que al escribir un texto tu teléfono (o en tu ordenador) el programa o app que utilizas te sugiere una corrección ortográfica o gramatical, también es la IA la que está trabajando. La aplicación o programa que estés utilizando entiende el lenguaje natural y te ayuda a escribir mejor, corrigiendo errores de forma automática.

Otro ejemplo, un poco más avanzado, es cuando escribes un correo electrónico y, dependiendo de a quien vaya dirigido, te sugiere un comienzo diferente para el mismo.

- **Filtros en las redes sociales**

¿Te has preguntado cómo es que puedes agregar orejitas de perro o cambiar el color de tus ojos en una foto o vídeo en las redes sociales? Los filtros que utilizan apps como TikTok, Instagram o Snapchat aprovechan la IA para reconocer los rasgos de tu cara y aplicar efectos divertidos o mejoras instantáneas en tus *selfies* que se adaptan perfectamente, incluso en movimiento.

- **Detección de correo no deseado**

El filtro de spam en tu correo electrónico es otro ejemplo de IA en plena acción. Cada vez que tú marcas como spam un correo, la aplicación aprende de ello y, a través de este aprendizaje, mejora constantemente para asegurarse de que los mensajes molestos o peligrosos no lleguen a tu bandeja de entrada.

## • Búsquedas en Internet

¿Habías pensado alguna vez que una simple búsqueda en Google podría estar utilizando IA? En realidad, la utiliza de varias formas: por un lado, si escribes mal tu búsqueda, te sugiere (basándose en los millones de búsquedas que ya tiene procesadas y de las que aprende cada día) una búsqueda correcta con su famoso "¿Quieres decir...?".

Por otro lado, Google utiliza la IA para entender el contexto de las preguntas, predecir qué es lo que realmente estás buscando y personalizar los resultados según tu historial de búsqueda previo.

NOTA: Breve inciso sobre la relación de las cookies con la Inteligencia Artificial.

Un error muy común es pensar que esa personalización a la hora de hacer una consulta en un buscador como Google, la hacen las cookies.

Las cookies son pequeños archivos de texto que un sitio web guarda en tu navegador (Chrome, Edge, Firefox...) con tus preferencias, los artículos que añades a un carrito de la compra en una tienda online, o tu historial de navegación. Pero en realidad, lo único que hacen es guardar esa información.

Son los algoritmos de Inteligencia Artificial los que utilizan esos datos para personalizar el contenido, mejorar tu experiencia en la página según tus preferencias, o mostrarte publicidad acorde a tus gustos, edad o perfil.

# BREVE (MUY BREVE) HISTORIA DE LA INTELIGENCIA ARTIFICIAL PARA ENTENDER EL BOOM ACTUAL

A estas alturas te estarás preguntando por qué si ya convivíamos con la IA hace tiempo, ahora estamos inmersos en esta revolución y, desde hace algún tiempo, no se habla de otra cosa.

No voy a aburrirte con datos históricos que puedes encontrar en internet (incluso pedírselos a ChatGPT) pero sí creo que puede ayudarte conocer, de forma resumida, las etapas que nos han traído hasta aquí y que te pueden servir de contexto, a medida que la inteligencia artificial siga avanzando.

Como te digo, prometo ser muy breve.

## HISTORIA DE LA IA

| 1936 INICIOS TEST DE TURING | AÑOS 60 PRIMEROS AVANCES | AÑOS 70 PRIMER INVIERNO DE LA IA | AÑOS 80-90 RENACIMIENTO DE LA IA |
|---|---|---|---|
| 2000-2010 BIG DATA DEEP LEARNING | 2018 TRANSFORMERS Y LLMS | 2022-23 CHAT GPT IA GENERATIVA | 2024 IA MULTIMODAL |

# Los inicios: Quién es Turing y por qué es probable que escuches su nombre alguna vez

No te engaño: puedes vivir perfectamente sin saber quién era Turing, pero últimamente son tantas las referencias que se hacen a él, que, por simple curiosidad, te quiero resumir por qué nos referimos a él como el "padre de la Inteligencia Artificial".

Turing no creó la inteligencia artificial tal como la conocemos hoy en día, pero sus ideas son la base de todo lo que vino después.

En 1936, ideó una "máquina universal" que podía hacer cualquier cálculo si disponía de suficiente capacidad y tiempo, y que fue el inicio de lo que hoy llamamos "algoritmo".

En 1950, propuso una prueba para ver si una máquina podía pensar o fingir que pensaba, llamada el **Test de Turing**. Esta prueba consistía en ver si una máquina podía dar respuestas tan inteligentes que pareciera humana.

La prueba o test de Turing podría explicarse así:
Imagina que hablas por mensajes desde tu teléfono con una máquina que intenta parecer tan inteligente como un humano y tuvieras que adivinar si quien te contesta es una máquina o una persona. Si detectas que

es una máquina, habrías ganado. Si creyeras que es un humano, habría ganado la máquina.

NOTA: Si has estado atento, cuando hablamos del CAPTCHA (esas pequeñas pruebas que pretenden descubrir si somos un robot o un humano), te dije a qué correspondía el acrónimo, y sí, es una especie de Test de Turing.

CAPTCHA: Completely Automated Public **Turing test** to tell Computers and Humans Apart

## AÑOS 60: PRIMEROS AVANCES

En estos años se empiezan a financiar proyectos de investigación en el campo de la inteligencia artificial, surgen los primeros programas capaces de resolver problemas matemáticos simples e incluso de jugar al ajedrez.

Se crean las primeras redes neuronales que demostraban que un ordenador podía "aprender" automáticamente de los datos y se descubre que también puede existir la comunicación máquina-humano.

## AÑOS 70: PRIMER INVERNO DE LA IA

Como pasa tantas veces, las expectativas fueron tan grandes que terminaron superando a los resultados.

En estos años desaparece el optimismo y con él, la

financiación de muchos proyectos, al darse cuenta de que las aplicaciones necesitaban mucho trabajo manual para poder funcionar correctamente.

## AÑOS 80 y 90: EL REANCIMIENTO DE LA IA

Muchos de vosotros recordaréis la inolvidable victoria de ordenador Deep Blue de IBM frente al campeón mundial de ajedrez Garry Kasparov, pero lo más importante de esta época es que se empiezan a desarrollar algoritmos de *machine learning*, en especial, las redes neuronales artificiales (que, como ya vimos imitaban al cerebro humano) con más capas de procesamiento (*deep learning*) y se dieron cuenta de que se podía reconocer patrones en textos, imágenes, o incluso vídeo.

Además, en estas décadas los ordenadores y la tecnología se popularizaron y llegaron a los hogares de forma masiva. Gracias a ello, la IA podía acceder a una cantidad mayor de datos (texto, imágenes, etc.) con los que podían "entrenarse".

## AÑOS 2000-2010: BIG DATA Y DEEP LEARNING

En estos años pasan tres cosas muy importantes:

1. **La llegada de Internet:** si la democratización de la tecnología hizo que los modelos tuvieran una cantidad mayor de datos para "entrenarse", nos

podemos hacer una idea de lo que supuso el acceso a internet por parte de la población en general.

2. **Se empiezan a desarrollar equipos (hardware) muy potentes** para poder procesar tanta cantidad de datos y hacerlo de forma más eficiente. Aumenta la potencia de los procesadores gráficos (GPU).

3. **El Deep Learning** hace que esas redes neuronales artificiales (que simulan las del cerebro humano) tengan varias capas de procesamiento (de ahí lo de "Deep" o "profundo") y que sean capaces de analizar y clasificar contenido audiovisual (sonidos, voz, imágenes) y se sientan las bases de la IA generativa (capaz de generar por sí sola este tipo de contenidos y de la que hablaremos más adelante en profundidad).

 NOTA:

CPU (Unidad Central de Procesamiento): Es el componente más importante de un ordenador. Es como el cerebro general que organiza y dirige casi todo lo que este hace.

GPU (Unidad de Procesamiento Gráfico): Es una parte especial del ordenador que maneja todo lo que ves en la pantalla, especialmente cuando hay mucho que mostrar. Ayuda a que las imágenes, videos y juegos se vean más "reales" y no tan pixelados.

## 2017: LLEGAN LOS "TRANSFORMERS"

En 2017 investigadores de Google presentan un documento llamado *"Attention is all you need"* (*Todo lo que necesitas es atención*), donde se habla por primera vez de Transformers (que nada tiene que ver con los juguetes o las películas de robots que se convierten en coches, sino de algo totalmente distinto, aunque creo que igual de emocionante).

Un Transformer es una nueva arquitectura de red neuronal (es decir un nuevo modelo que imita la estructura de un cerebro humano) capaz de procesar el lenguaje natural y que es la base de que hoy nos podamos comunicar (hablar) con la IA.

Dicho de forma más sencilla, un Transformer es un tipo de inteligencia artificial que es capaz de entender y generar lenguaje natural, es decir, las palabras que usamos cuando hablamos o escribimos, lo que nos permite comunicarnos con ella.

Y sí. ChatGPT es un Transformer, como ya te estarás imaginando.

## 2018: APARICIÓN DE LOS LARGE LANGUAGE MODELS (LLMs)

Si no sabes aún lo que es un LLM, deberías empezar a

familiarizarte con ello o al menos, entender bien el concepto.

Los LLM (Modelos de Lenguaje a Gran Escala) no son otra cosa que modelos (en concreto un tipo de Transformer) que han sido pre-entrenados en enormes cantidades de texto. Lo que los distingue es su capacidad para mantener conversaciones en lenguaje idéntico al humano con una eficacia impresionante, gracias a que se les han practicado antes con muchísimos datos.

LLM corresponde a Large Language Model, que se traduce precisamente como Modelo del Lenguaje a gran escala o extenso, haciendo referencia a esa enorme cantidad de datos.

NOTA: A estas alturas ya estarás pensando en ChatGPT. Efectivamente. Aunque lo veremos más adelante, te adelanto que ChatGPT es un tipo de Transformer. En concreto un LLM.

Está basado en una arquitectura de inteligencia artificial conocida como GPT (Generative Pre-trained Transformer) o Transformador Generativo Pre-entrenado.

## 2022: LLEGA ChatGPT A NUESTRAS VIDAS

El 30 de noviembre de 2022, OpenAI lanza ChatGPT.

Ya habían creado GPT, que significa "Generative Pre-trained Transformer", un transformer generativo pre-entrenado para que aprendiera mucho sobre cómo hablamos y escribimos los humanos.

Fueron mejorándolo y aparecieron versiones como GPT-2 (capaz de entender y escribir mejor que su antecesor), GPT-3 (aún más avanzado y entrenado con una mayor cantidad de datos).

Después de trabajar en GPT-3, OpenAI decidió poner esta tecnología en manos del público y que todos pudiéramos pedirle que hiciera cosas como responder preguntas, escribir historias, o ayudarnos con los deberes o el trabajo. Y así es como nace ChatGPT.

Además de facilitarnos la vida, poner ChatGPT en manos del público permite que se entrene con muchísimos más datos, ya que cada vez que interactuamos con él estamos proporcionándole información y feedback para que aprenda cada vez más.

## 2023: LA ERA DE LA INTELIGENCIA ARTIFICIAL GENERATIVA

La inteligencia artificial generativa es un tipo de inteligencia artificial y lo normal es que sea la IA con la que te has cruzado en tu vida o de la que más hayas escuchado.

La IA Generativa no solo busca datos, los interpreta o clasifica. Lo que diferencia a este tipo de IA es que es capaz de generar (de ahí su nombre) POR SÍ SOLA cosas nuevas.

Puede escribir historias, dibujar, componer música, etc... sin que una persona (ojo, que esto es lo más importante) tenga que decirle exactamente qué pasos tiene que seguir para lograrlo.

Desde 2023 se han democratizado el uso de herramientas como ChatGPT, Midjourney, DALL-E, o Copilot para crear todo tipo de documentos, imágenes, y sin apenas tener que darle instrucciones, a través de herramientas o programas fáciles de utilizar.

A la IA generativa le dedicaremos un capítulo completo para conocerla a fondo.

## 2024: LA IA MULTIMODAL Y OMNIMODAL

Cuando todo nos parecía increíble y no lo habíamos casi asimilado llegaron las mejoras de forma exponencial.

Aparece ChatGPT 4, en principio en versión de pago (unos 20 euros) que te permitía subir documentos, leer PDF, adjuntar imágenes y preguntarle sobre ellas y, lo más especial, crear tus propios GPTs.

La llegada de ChatGPT-4o (omni) a mediados de abril de 2024 y su puesta a disposición del público de forma gratuita supone otro gran avance.

ChatGPT-4o es multimodal (es decir podemos hablarle por texto, voz, imagen o vídeo, y nos responderá de igual forma).

Pero además de la rapidez, el rendimiento, los idiomas en los que es realmente bueno (que mejoran una barbaridad incluso cuando hablamos de traducción simultánea), impactó por ser capaz reconocer emociones (tanto en la cara como en la voz de la persona con la que interactúa, por ejemplo) y ser mucho más expresivo cuando habla contigo (bromea, se ríe, intenta hablarte acorde a cómo cree que te encuentras...).

Todo esto se pone gratuitamente en manos del público y ya te imaginarás el motivo: conseguir que entrene con el mayor número de personas posible también por estos medios.

# CÁPITULO 5
# LA IA LO VA A TRANSFORMAR TODO.
# TU TRABAJO TAMBIÉN.

## Que no te engañen: buenas y malas noticias.

Si me hubieran dado un euro cada vez que escuché o leí la frase *"La inteligencia artificial no te va a quitar el trabajo, pero si lo hará una persona que sepa utilizarla"* os estaría escribiendo desde un resort en Bahamas porque sería millonaria ;)

Es una gran frase y tiene parte de verdad. Pero no es aplicable a todos los sectores ni a todas las profesiones.

Además, este tipo de afirmaciones casi siempre vienen de boca de alguien que pretende venderte algo relacionado con inteligencia artificial, y suele ir acompañada de una promesa del tipo *"compra mi curso y tu trabajo estará a salvo"*. Además, de un poco ambicioso, diría yo, que no siempre es cierto.

Estos días hablo mucho con personas que no acaban de entender la importancia que tiene la inteligencia artificial, y me hacen preguntas y comentarios como: *"¿debería estar preocupado?"*, *"No creo que sea para tanto... Las máquinas nunca podrán sustituir a un humano con emociones"*, *"He usado ChatGPT pero no le veo mucha utilidad"*, *"he pedido algo a ChatGPT y lo ha hecho mal, no es fiable"*, *"leí una noticia que decía que se había equivocado en tal ocasión"* ...

Lo que más me cuesta explicar es que lo que estamos viendo es tan solo una pequeña parte y, sin querer parecer catastrofista (en realidad, se podría decir que soy todo lo contrario), me gusta explicarlo comparándolo con lo que ocurrió en 1912 con aquel famoso iceberg con el que chocó el Titanic.

Cuando el Titanic viajaba por el Atlántico, ya sabían que podían encontrarse bloques de hielo, pero confiados, cuando vieron el pedacito de iceberg que asomaba en la superficie, no le dieron demasiada importancia. Precisamente no ver el enorme bloque de hielo que estaba bajo el agua fue, como todos sabemos, lo que causó la tragedia.

Con la inteligencia artificial pasa algo parecido. Lo que conocemos hasta ahora, como los asistentes de voz, los coches que se conducen solos o las recomendaciones que nos hacen Netflix o Spotify basadas en nuestros gustos, son solo un trocito muy pequeño de lo que la inteligencia artificial puede llegar a hacer. Incluso nuestras conversaciones con ChatGPT o las herramientas que nos crean presentaciones de forma automática son solo pequeños avances comparado con lo que está por venir.

Por "debajo" de lo que vemos, **hay un mundo enorme de posibilidades que aún no hemos explorado y en algunos casos, ni tan siquiera imaginado. Lo importante es que, queramos verlo o no, ya sabemos que tendrá un impacto enorme en nuestras vidas, como lo tuvo la llegada de internet o el teléfono móvil.**

Tal y como pasó con el Titanic (perdonad el ejemplo), **no basta con fijarnos en lo que vemos. Tenemos que estar atentos a lo que aún no vemos y prepararnos para ello.** Si ignoramos lo mucho que puede llegar a cambiar la IA nuestras vidas, podríamos encontrarnos sin saber qué hacer cuando sea ya demasiado tarde.

# PERO... ¿LA INTELIGENCIA ARTIFICIAL ME VA A QUITAR EL TRABAJO?

Soy consciente de que da mucho miedo decirle a alguien que sí.

En todos los cursos y conferencias a los que he asistido lo sugieren, pero casi nadie se atreve a afirmarlo (quizá por no asustarles, o porque son conscientes de que muchas personas que no está preparada para escucharlo).

Lo cierto es que a nadie le gustan las malas noticias y nuestro cerebro tiende a rechazarlas.

Es indudable que habrá puestos de trabajo para los que se necesitarán menos personas, habrá algunos que desaparecerán casi por completo, otros que se transformarán sustancialmente pero también es cierto que aparecerán nuevos puestos que aún nos cuesta imaginar.

Y la buena noticia es que, una vez que comprendes bien en qué consiste esto (espero que tras leer este libro lo consigas) es fácil imaginar o predecir cómo te afectará a ti y a tu sector.

## Mi opinión

Yo no tengo una visión catastrofista de la Inteligencia Artificial pero tampoco defiendo a toda costa un optimismo sin sentido.

Creo que, como tantas otras veces en la historia, estamos ante un cambio que, más que bueno o malo, definiría como INEVITABLE y como tal, no queda otra que hacer dos cosas: aprender y adaptarnos (para así maximizar sus beneficios y minimizar sus riesgos).

Podría decir que soy de las personas que actualmente está más fascinada con ello. Pero ello implica **admitir que las cosas van a cambiar. Y mucho. Y a pesar de ello no deberíamos tener miedo.**

Puede que mi forma de trabajo, que ahora se llama *solopreneur* (término que hace referencia a los trabajadores autónomos que hacen de todo dentro de su empresa) hace que le vea un lado muy positivo y atractivo a toda esta revolución.

Soy de las que siempre hace (o quiere hacer) muchas cosas en poco tiempo. Por supuesto que tengo un equipo de colaboradores que me permite trabajar de forma más eficiente, pero dar clases, escribir este libro, organizar cursos online, gestionar ecommerces, me hace agradecer cualquier ayuda, ya sea en forma de técnica que mejore mi productividad, o de aplicaciones o herramientas que hagan por mí el trabajo más rutinario, y de esta forma, dedicarme a fases de los proyectos más creativas o rentables.

Pero el ahorro de tiempo no es la única ventaja que puede obtener un autónomo, emprendedor, profesional o dueño de un negocio.

La Inteligencia Artificial va a ser capaz de hacer muchas de esas tareas para las que no algunos no tienen tiempo o conocimientos, permitiendo, además, que su productividad y eficiencia se multiplique de manera increíble, y ello, se traduce en una reducción de costes y una gran ventaja frente a su competencia.

### **Veamos un ejemplo:**

Imagina un profesional del marketing digital que lleva proyectos de clientes y, además de plantear estrategias, se encarga (solo o subcontratando a otras personas), los contenidos (textos, vídeos, música para esos vídeos, fotografía, diseño, campañas publicitarias…).

A partir de ahora, en algunos casos podrá dejar que la IA trabaje por él, en otros contratar a un colaborador (por ejemplo, un diseñador) que tal vez le cobre menos porque también tiene a su disposición herramientas que le facilitan su trabajo.

Puede que ahorre tiempo redactando presupuestos o generando bocetos o propuestas. Puede que ahorre dinero pudiendo generar contenidos de forma automática (que luego él mejorará, editará o revisará).

También puede que algunos de sus clientes hagan lo mismo y le contraten menos servicios.

En cualquier caso, creo que los buenos profesionales, los que de verdad aportan talento por encima de las tareas que puede hacer una máquina, son los que, sabiendo aprovechar las ventajas de la IA, sacarán más partido (y no únicamente por automatizar tareas repetitivas sino por que serán los que sepan hablar y formularle a la IA cosas a su favor).

# VENTAJAS E INCONVENIENTES DE LA LLEGADA DE LA IA SEGÚN EL TAMAÑO DE LA EMPRESA

 **Profesionales independientes, autónomos (o *solopreneurs*):**

**Ventajas:**

La principal ventaja de la IA para estos trabajadores es la automatización de tareas. La IA puede encargarse de muchas actividades rutinarias como la programación de publicaciones en redes sociales o la gestión de agendas, dejándoles más tiempo para concentrarse en aspectos más estratégicos de su negocio.

Además, pueden obtener mejoras en la eficiencia y reducción de costes, utilizando herramientas de IA que puedan disminuir sus necesidades de subcontratar a colaboradores.

**Desventajas:**

Puede tener costes importantes derivados de adquirir y configurar herramientas y dificultad para estar al día de todas las que salen al mercado y de cómo aplicarlas.

La desventaja más importante puede ser que los clientes puedan suplir también algunos de sus servicios con herramientas de IA.

 # Emprendedores y Startups

**Ventajas:**

En el caso de los emprendedores las ventajas son claras: la capacidad de innovar y desarrollar productos y servicios potenciados por la IA, y tener un acceso mayor número de datos profundos sobre el mercado, clientes o sectores. Otra ventaja podría ser utilizar herramientas de IA adelantándose a su competencia y, con ello, mejorar productos y ofreciendo mejores servicios.

**Desventajas:**

Aunque sea esencial, la inversión en IA puede ser cara y a veces, los retornos no son inmediatos.

Otras veces, la complejidad técnica de integrar la inteligencia artificial en los productos y procesos puede requerir expertos que suponen un coste y, a veces, difíciles de encontrar.

 **Pymes**

**Ventajas:**

La IA puede mejorar la eficiencia operativa tanto en tareas administrativas como en inventarios o logística.

Además, permite la personalización de los servicios basándose en el comportamiento y necesidades del cliente.

**Desventajas:**

A diferencia de las grandes empresas, las pymes pueden tener menos recursos para invertir y mantener tecnologías o para capacitar a sus empleados.

Algunos trabajadores pueden no ser tan necesarios o serlo menos horas.

Por otro lado, el coste del reciclaje profesional o de la formación del equipo puede suponer un gasto inicial importante.

# Grandes Empresas

**Ventajas:**

Las grandes empresas pueden acceder a grandes volúmenes de datos, adoptar herramientas de IA estableciendo estándares en sus industrias o sacar partido a la automatización de la producción o de los servicios y mejorar con ello la experiencia del cliente. Las compañías que logren ser pioneras dentro de su sector o industria también pueden obtener una gran ventaja competitiva.

**Desventajas:**

Además de las grandes inversiones, las grandes empresas suelen enfrentarse a una resistencia al cambio por parte de mandos intermedios y empleados que no siempre es fácil de gestionar.

# EL IMPACTO DE LA IA EN DISTINTAS PROFESIONES

Vamos a ver ejemplos concretos, pero mi objetivo es que seas capaz de predecir o intuir cómo la IA afectará a cualquier puesto de trabajo.

Para ello, además de comprender bien en qué consiste, vamos a compararlo con cómo afectó la llegada de los ordenadores y de internet a algunas profesiones.

Y sí. La realidad es que la llegada de la tecnología y la llegada de internet mejoraron, transformaron, potenciaron, pero también hicieron desaparecer algunas profesiones y sectores.

Es fácil de entender que hay profesiones y sectores como la **jardinería**, la **carpintería**, el sector **veterinario**, los **restauradores de arte**, o los **trabajadores sociales o psicólogos** que apenas se vieron afectados por la llegada de la tecnología o de internet, aunque sí que se beneficiaron con la llegada de programas de ordenador específicos o el acceso a datos del sector que les ayudaron a poder hacer mejor su trabajo.

Es bastante probable que con la IA en este tipo de trabajos se obtengan mejoras derivadas de automatizaciones y robótica (en el caso de la carpintería, por ejemplo) pero la creatividad y el factor humano parece que seguirán siendo indispensables.

**El sector de la electricidad** aumentó su demanda (lógicamente) al llegar la tecnología a nuestra vida, y parece previsible que pase lo mismo con la popularización de los dispositivos y herramientas de inteligencia artificial.

Al igual que la **cirugía**, la **biología** o la **física** aumentarán su eficiencia al contar con datos e información precisa de su campo, que les permitirá mejorar sus servicios.

Los **programadores** fueron más necesarios con la llegada de la tecnología, sin embargo, todo apunta a que es una tarea no totalmente, pero bastante reemplazable por la inteligencia artificial.

Es fácil pensar que si bien no es una profesión que vaya a desaparecer, si se necesitarán menos personas para hacer lo mismo, ya que la IA aumentará la productividad de cada programador.

En cualquier caso será distinto en cada empresa: podemos pensar que el mismo trabajo se hará con menos programadores pero ¿por qué no pensar que con los mismos trabajadores seremos capaces de hacer más trabajo?.

**Diseñadores Gráficos, fotógrafos, arquitectos, o personas con trabajos 100% creativos** están bastante expuestos a las herramientas de IA, por lo que serán los que más deben aprender a utilizarlas y a comprenderlas para que realmente supongan un aumento de su productividad y eficiencia y no se vean reemplazados por ella.

Con la llegada de la tecnología, estas profesionales ya sufrieron una gran transformación.

Algunos se quedaron atrás, pero la gran mayoría supo adaptarse a la era digital y pese a que la tecnología supuso la entrada de profesionales con menos experiencia en campos como el diseño y la fotografía, se siguió diferenciando a un buen profesional de quien, sin tener demasiado talento o formación, se valía de herramientas más sencillas para intentar hacer lo mismo.

Es previsible que estas profesiones sean las que más necesiten adaptarse (y con mayor urgencia) a la inteligencia artificial para inclinar la balanza a uno u otro lado: el de los que la aprovechan y le sacan partido, o el de los que se pueden ver reemplazados por ella.

**Los ayudantes jurídicos, traductores y asistentes administrativos** y otros puestos de trabajo de este tipo, sí pueden verse más afectados y por lo tanto deberían también adaptarse con la máxima rapidez posible para convertir la IA en su aliada y no esperar a que acabe siendo su enemiga.

En el caso de los profesionales **marketing digital** creo que podemos esperar dos grandes cambios: por un lado, las automatizaciones y la inteligencia artificial generativa están facilitando su trabajo enormemente pero también se está incorporando más competencia en el sector.

Labores específicas como el SEO, la creación de campañas de publicidad o el diseño seguirán necesitando de una creatividad o un talento que la IA puede amplificar, pero nunca sustituir.

Personalmente creo que la mejora y la aparición de nuevas herramientas pueden hacer que una misma persona haga más cosas, pero también creo que los perfiles más creativos tendrán a su lado herramientas que pueden mejorar y amplificar enormemente sus resultados.

Si tuviera que decir hacia qué lado se inclina la balanza, diría que **los buenos profesionales son los que resistirán**, aunque antes pasemos por una época (como ya ha pasado con las redes sociales o las páginas webs) en la que crean que cualquiera puede hacerlo, de forma rápida y por poco dinero.

Cuando vean que los resultados no son los mismos se volverá a poner en valor la profesionalidad, creatividad y buen trabajo de los mejores (que por supuesto deberán contar con la IA como aliada).

**Resumiendo:** Creo que las herramientas a las que tenemos y tendremos acceso, facilitará el trabajo de forma general.

Esta facilidad provocará que aparezcan más agentes (menos experimentados) en cada profesión. Pero creo firmemente que cuando todos sean capaces de hacer algo, se pondrá más en valor el trabajo de los mejores profesionales con talento, creatividad y atención al detalle en aspectos que la IA no podrá tener.

Utilizar la IA como una herramienta que facilite y mejore tu eficiencia profesional (no solo ahorrando tiempo sino mejorando los resultados) es la forma más sensata e inteligente de aprovechar esta ola y ser capaz de surfearla, en lugar de quedarnos quietos y dejar que nos pase por encima.

# EL IMPACTO DE LA IA EN DISTINTOS SECTORES

Veamos algunos ejemplos de cómo la IA está cambiando diferentes sectores y profesiones.

## Sectores más afectados.

Espero que los anteriores ejemplos te sirvan para empezar a deducir por ti mismo las profesiones y sectores más afectados por esta nueva revolución.

De todas formas, vamos a ver algunos de los que más se están, o se van a ver, afectados:

## • **Manufactura**

La IA está revolucionando la industria mediante la automatización y optimización o, por ejemplo, el mantenimiento predictivo de la maquinaria, que permite detectar posibles fallos y predecirlos.

Robots humanoides con inteligencia artificial o sistemas de visión por ordenador (*Computer Vision*) están permitiendo aumentar la productividad de las fábricas y corregir errores casi en tiempo real, lo que, entre otras cosas, reduce significativamente los costes.

## • Transporte y Logística

En el sector del transporte y la logística resulta imposible no pensar en las mejoras que la IA está trayendo a la autonomía de los vehículos en general, ya sean coches, camiones, drones o barcos, y a los avances a través de la optimización de rutas, la seguridad o la reducción de los tiempos de entrega.

Es importante también el ahorro de costes que generará una mejor gestión de las flotas o de los almacenes, gracias a la anticipación y predicción de herramientas de IA.

## • Salud

La IA está teniendo un impacto increíble en el sector de la salud, y puede que sean los avances que más nos van a sorprender en los próximos años. Mejorar el diagnóstico de enfermedades a través de análisis de grandes cantidades de datos o interpretación de imágenes, e incluso desarrollo de tecnología como relojes o anillos que nos permita estar monitorizados y saber, en base a nuestro historial médico y nuestras constantes en tiempo real, en qué momento estamos más predispuestos a contraer alguna enfermedad o incluso anticiparla, afectará muy positivamente a nuestra salud.

¿Imaginas tener acceso a todo el conocimiento médico

y científico y poder utilizar esos datos para elaborar diagnósticos más avanzados en base a ello? Pues es lo que con el tiempo traerá consigo la IA al campo de la medicina.

La gestión hospitalaria y la mejora de la operativa en centros de salud para optimizar tiempos de espera y aumentar la productividad de las consultas o estancias en hospitales, también pueden ser ejemplos en los que dentro de poco comenzaremos a ver grandes avances.

## • Finanzas

En el sector financiero, la IA se está haciendo indispensable tanto para la detección de fraudes como la gestión de riesgos. Además, habrá mejoras derivadas de la automatización de operaciones y, sobre todo, en la personalización de los servicios. Ya estamos comenzando a ver como proliferan los chatbots, que ejercen de asistentes para que los usuarios interactúen y optimicen sus finanzas.

## • Retail

En el comercio minorista, la IA está mejorando hace tiempo la experiencia del cliente, tanto a través de la personalización de productos y servicios, como de la publicidad.

No sería nada extraño que cuando vayamos a pagar en

una tienda, las pantallas que tenemos en frente nos muestren promociones de productos elegidos en base a nuestro historial de compra, o sugerencias en base a lo que perfiles como el nuestro compraron antes, o a lo que, a través de *computer visión*, creen que podría encajar con nosotros (por ejemplo, si tienes el pelo largo, pueden ofrecerte un producto específico, o si vistes con un estilo o color determinado, podrían sugerirte productos, tal y como se hace ya en las tiendas online).

Optimizar los inventarios y la logística al poder predecir tendencias de venta para optimizar tiempo y espacio en el almacén, también serán los campos donde se empiezan a ver ya avances y mejoras gracias a la IA.

## • Entretenimiento

La IA está transformando la industria del entretenimiento, a través de la creación de contenidos (vídeos, efectos visuales, música, videojuegos...) y la personalización del productos y servicios a través de las plataformas de streaming.

Es uno de los sectores que sufrirá un cambio más profundo debido sobre todo a la entrada de nuevos agentes, la reducción de costes y la facilidad de generación de contenidos que trae consigo la IA.

## • Agricultura

La IA ya se está utilizando para mejorar los rendimientos de los cultivos y reducir el impacto ambiental a través de la agricultura de precisión, que utiliza datos y modelos predictivos para tomar decisiones sobre plantación, riego y tratamiento de cultivos.

Será un sector que pueda sacar mucho beneficio de la implantación de la inteligencia artificial y Big Data.

Es uno de los sectores en los que probablemente aparecerán nuevos puestos de trabajo y mayores necesidades de perfiles relacionados con el análisis de datos.

## • Energía y sostenibilidad

Es fácil imaginar que las necesidades de electricidad irán en aumento. Esto provocará un auge de sectores como el de las energías eólicas y solares.

La IA traerá consigo automatizaciones y productos que necesiten energía, por lo que será uno de los sectores que más se beneficie de su implantación y se necesitarán empresas y profesionales expertos en este sector.

# OPORTUNIDADES LABORALES Y CÓMO PREPARARSE PARA ELLAS

## Cómo y por dónde empezar a prepararte.

En realidad, el **primer paso** de todos (y a veces pienso que el más difícil) es el que ya has dado comprando este libro y atreviéndote a adentrarte en un mundo aún bastante desconocido.

Creo que es fundamental entender las bases de cualquier materia, pero en un campo tan confuso, que avanza tan rápido y en el que, además, recibimos impactos a todas horas (a través de las noticias, las redes sociales y los comentarios a nuestro alrededor), es aún más importante tener muy claros los conceptos (y corregir los que entendimos mal) para poder diferenciar las herramientas y avances que merecen la pena de los que no.

El **siguiente paso** es formarte de la manera adecuada. Sin prisa, pero sin pausa.

A la pregunta de "por dónde empiezo", suelo responder con un "depende". Y depende de dos cosas: de tu nivel de implicación y del campo en el que quieres formarte.

# NO TODOS SOMOS IGUALES: CONSEJOS SEGÚN TU NIVEL DE IMPLICACIÓN

Esto quiere decir que en primer lugar deberás decidir hasta donde quieres llegar. No hay una respuesta correcta. Todas las opciones son válidas.

## • Simple curiosidad

Si únicamente buscas conocer los conceptos elementales, poder participar en conversaciones con amigos y estar al día de las novedades y herramientas, creo que con la lectura de este libro ya puedes lograr cierto nivel básico. Por supuesto, dada la rapidez de los avances, te recomiendo dedicar algo de tiempo cada semana a informarte y leer novedades para estar actualizado.

## • Nivel aficionado

Personas que quieren profundizar un poco más a

fondo sobre la inteligencia artificial y quieren saber utilizar las herramientas que pueden ayudarles a mejorar

en su trabajo y en su día a día. Esto incluye conocer cómo integrar la inteligencia artificial en tus documentos, automatizar tareas, etc.

Lo normal es que este tipo de usuarios pueda formarse de forma autodidacta haciendo cursos online, leyendo libros o tutoriales avanzados sobre IA, Deep Learning, redes neuronales, y sobre todo, estando al día de las últimas herramientas.

## • Educación formal

También es posible que busques entrar en el sector de la inteligencia artificial o hacerte un experto para su aplicación en otros sectores.

En este caso, es recomendable realizar cursos más largos con una visión más global y si lo necesitas para la búsqueda de empleo, que te den algún certificado.

## • Desarrollador

Tal vez quieres meterte a fondo en el mundo de la IA y desarrollar soluciones para otros. En tal caso te recomiendo empezar en el mundo de la programación y el código, en concreto, Phyton, o estudiar proyectos de programación práctica utilizando herramientas y frameworks como TensorFlow o PyTorch.

Phyton es un lenguaje de programación bastante sencillo, debido a que tiene una sintaxis más fácil que otros, pero, además, dispone de muchos recursos, librerías y frameworks que simplifican bastante su aprendizaje y aplicación.

## • Usuario práctico avanzado

Son personas interesadas en aplicar las soluciones de IA que están en el mercado para mejorar su vida personal o profesional.

No quieren entrar en el desarrollo de aplicaciones, pero sí quieren estar al día de todas las novedades, noticias y herramientas que salen al mercado, suscribiéndose a newsletters, visitando webs de referencia o siguiendo perfiles interesantes en redes sociales.

Creo que dada la dificultad para diferenciar, en este momento inicial, formaciones que merecen la pena de las que no, yo apostaría por realizar cursos intensivos o específicos y esperar un poco antes de invertir mayores cantidades de tiempo y dinero en un único curso más largo.

# ¿TE QUIERES DEDICAR PROFESIONALMENTE A LA IA?

## POR DÓNDE EMPEZAR

Si te interesa el mundo de la Inteligencia Artificial y, sobre todo, te has dado cuenta de que orientar tu carrera en este campo es una apuesta segura, hay varios campos en los que puedes fijar tu mirada.

En los próximos meses aparecerán puestos de trabajo fáciles de intuir, pero también otros que todavía no somos capaces de imaginar.

## • Investigación en Inteligencia Artificial

Las personas que quieran desarrollarse en el campo teórico y experimental de nuevas metodologías y tecnologías en IA deberán formarse en matemáticas avanzadas, estadísticas, Deep Learning, habilidades de programación en lenguajes como Python, R o Julia, y capacidad para publicar investigaciones científicas.

Estos perfiles encontrarán trabajo en lugares como universidades, laboratorios de investigación públicos y privados o departamentos de IT de grandes empresas.

## • Desarrollo de Aplicaciones de IA

Si te quieres dedicar al diseño y codificación de software que utiliza modelos de IA para resolver problemas específicos en una industria o sector, necesitarás aprender programación en lenguajes como Python, conocimiento de frameworks de IA como TensorFlow o PyTorch, y habilidades en ingeniería de software.

Lo habitual es encontrar este tipo de perfiles en startups tecnológicas, empresas de software o compañías de consultoría tecnológica.

## • Integración y Soporte de Sistemas de IA

Si tienes un perfil técnico y quieres dedicarte a la implementación y mantenimiento de soluciones de IA dentro de infraestructuras tecnológicas existentes en grandes empresas, es recomendable que ya tengas conocimientos de arquitectura de sistemas, bases de datos, y experiencia en la integración de sistemas complejos y lo complementes con formación específica en Inteligencia Artificial.

## • Analítica de Datos

La analítica de datos es uno de los campos en los que las herramientas de IA pueden ayudar muchísimo. Si lo tuyo es interpretar grandes volúmenes de datos (Big

Data) y extraer *insights* útiles para poder tomar decisiones estratégicas, es necesario tener una buena base de conocimiento de bases de datos, herramientas de visualización, estadística y *machine learning*, por ejemplo.

Es y será una profesión muy demandada prácticamente en todos los sectores.

## • Ética y Política de IA

Otra de las posibles salidas laborales puede ser centrarte en las implicaciones sociales, éticas y legales del desarrollo y uso de la IA.

Hacen falta conocimientos de derecho tecnológico, ética, y políticas públicas, por ejemplo. Este tipo de profesionales suele trabajar en organismos reguladores, departamentos legales de cualquier tipo de empresa o en organismos públicos.

## • Educación y capacitación

Si lo que quieres es dedicarte a la docencia y enseñar conceptos y habilidades relacionadas con la IA a estudiantes o profesionales, necesitarás una fuerte base en IA, pero también tener habilidades pedagógicas, ser un buen comunicador y experiencia docente.

Es verdad que hoy en día se añade el término "inteligencia artificial" a cualquier tipo de curso y con ello se intentan vender más cursos aportando muy poquito conocimiento de IA.

Ser docente en un sector que avanza tan rápido te

obligará, además, a estar al día de todas las novedades y tener mucha agilidad para adaptar tus temarios.

- ## Consultor / Usuario Avanzado de Herramientas de IA

Una de las profesiones que se necesitarán a corto plazo es la de consultores que conozcan y estén al día de aplicaciones o soluciones de IA preexistentes (sobre todo en el contexto de un trabajo no técnico) para mejorar la productividad y la eficiencia en las empresas.

Con tanta información que llega, además, de forma tan rápida, será necesaria la labor de alguien que sepa aconsejar a las empresas sobre herramientas, que las conozca en profundidad y que, sobre todo sepa discernir cuales son útiles, cuales se adaptan mejor a ese sector y les evite costes innecesarios y pasos en falso.

# CÁPITULO 6
# INTELIGENCIA ARTIFICIAL
# GENERATIVA

## Qué es la IA Generativa y por qué deberías de empezar a utilizarla hoy mismo.

En los capítulos anteriores, hemos aprendido qué es la inteligencia artificial y cómo es capaz de aprender por sí misma a través de ejemplos (*machine learning*) y profundizar en ese conocimiento a través de redes más complejas (*deep learning*).

En este capítulo vamos a centrarnos en una de las ramas más conocidas de la IA y que seguramente sea de la que más has escuchado hablar (e incluso puede que hayas utilizado).

Si ya te has cruzado con aplicaciones como ChatGPT, Copilot, Midjourney, Suno, Sora, DALL-E, … debes saber que son todas herramientas de IA generativa.

## ¿Qué es la IA Generativa?

"La IA generativa es la IA que genera algo".

> LA INTELIGENCIA ARTIFICIAL GENERATIVA ES LA IA NO SE LIMITA A RECONOCER O A CLASIFICAR DATOS, SINO QUE ES CAPAZ DE CREAR ALGO COMPLETAMENTE NUEVO (TEXTO, IMÁGENES, VÍDEO, SONIDOS, VOCES...).

ChatGPT es una herramienta de IA generativa porque nos crea texto nuevo a partir de las instrucciones que le demos.

Midjourney, DALL-E o Leonardo, son herramientas de IA generativa que crean imágenes completamente nuevas, pero existen herramientas de IA Generativa capaces de crear canciones, vídeos a partir de una foto, voces, …

# CONOCIENDO A TODA LA FAMILIA: TIPOS DE IA

Imagina que tienes una caja de herramientas en tu casa.

Unas herramientas te sirven para arreglar cosas y otras te ayudan a construir cosas nuevas desde cero.

Podríamos decir que la inteligencia artificial es como esa caja que contiene "herramientas" de todo tipo (o tipos de IA) para ayudarnos en diferentes tareas.

## 1. INTELIGENCIA ARTIFICIAL ANALÍTICA

En nuestro ejemplo (de la caja de herramientas), la IA Analítica sería como una lupa.

Una lupa normal te podría permitir ver detalles muy pequeños en las cosas que ya existen, pero la IA Analítica lo que hace es **encontrar, ver, analizar y entender** datos.

Por ejemplo, podría recopilar todas las publicaciones en una red social sobre un tema y decirnos qué es lo que más se está comentando. Podría buscar jurisprudencia, datos médicos, científicos... y su verdadero potencial está dentro del campo del Big Data.

## 2. INTELIGENCIA ARTIFICIAL PREDICTIVA

Ahora piensa que en la caja de herramientas tienes una bola de cristal. Con ella, puedes intentar ver qué pasará mañana, qué tiempo hará el fin de semana o quién ganará el próximo partido de fútbol.

La IA Predictiva utiliza la información que ya conoce (por ejemplo, los datos de los partidos de fútbol anteriores) para predecir quién ganará el próximo o, por ejemplo, saber cuál es tu consumo diario de café y decirte cuándo necesitarás comprar más porque prevé que se va a terminar.

## 3. INTELIGENCIA ARTIFICIAL DE OPTIMIZACIÓN

En este caso, la herramienta podría ser una mezcla entre una brújula y un mapa. Con ellas podrías saber, por ejemplo, cuál es la ruta más rápida para ir al aeropuerto.
Resumiendo, mucho, la IA de optimización te ayuda a encontrar la mejor manera de hacer algo.

La capacidad de la inteligencia artificial para encontrar y analizar datos, poder predecir tendencias y con todo ello, optimizar resultados, la hace una de las áreas más atractivas, como ya habrás imaginado.

# 4. INTELIGENCIA ARTIFICIAL GENERATIVA

En nuestro ejemplo de la caja de herramientas, la IA no sería una herramienta en sí, sino directamente una varita mágica, porque es capaz de crear cosas que no existen.

Con IA generativa generamos (valga la redundancia) textos, imágenes, música, películas... que no existen y son completamente diferentes a cualquier otro contenido que genere otro usuario.

Lo más importante de la IA generativa es que, aunque se basa en patrones y se ha entrenado con datos, crea cosas nuevas, que no existían antes.

Por ello, aunque todos los tipos de inteligencia artificial son importantes, de la que más se habla o la que antes está llegando a nuestras vidas es la IA Generativa.

Una vez que has comprendido lo que es la IA generativa (recuerda, es una parte del *deep learning* que es capaz de generar cosas nuevas, no solo de diferenciar, clasificar o hacer algo con datos que ya existen), vamos a entenderla un poquito mejor y a ver aplicaciones prácticas.

\*\*\*\*\*\*\*\*\*\*\*\*\*\*\*\*\*\*\*\*\*\*\*\*\*\*\*\*\*\*\*\*\*\*\*\*\*\*\*\*\*\*\*\*\*\*\*\*\*\*\*\*\*\*\*\*\*\*\*\*\*\*\*\*\*

### NIVEL AVANZADO

Recuerda que este apartado es solo para quienes quieran profundizar más. Puedes leerlo, saltártelo o volver cuando acabes el libro. No afecta al resto.

Es muy común confundir la IA Generativa con los modelos generativos.

En realidad, los cuatro tipos de inteligencia artificial que hemos nombrado pueden utilizar modelos de dos tipos:

**Modelos discriminativos**: Clasifican o predicen datos basados en lo que han aprendido. Su función es distinguir entre diferentes tipos de datos.

Pueden observar cosas y decir qué son. Por ejemplo, pueden mirar un animal y diferenciar si es un perro o un gato.

## MODELO DISCRIMINATIVO

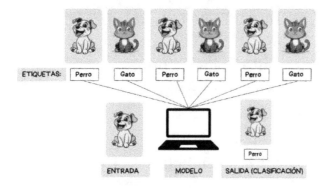

**Modelos Generativos**: Crean o generan nuevos datos que en base a los datos con los que han sido entrenados.

## MODELO GENERATIVO

Estos modelos existen en cada tipo de IA:

## INTELIGENCIA ARTIFICIAL ANALÍTICA

**Modelos Discriminativos:** se utilizan para clasificar o etiquetar datos como, por ejemplo, analizar imágenes médicas para detectar enfermedades.

**Modelos Generativos:** aunque no son tan comunes podrían utilizarse para entender la distribución de unos datos generando nuevos ejemplos que sigan la misma estadística.

## 2. INTELIGENCIA ARTIFICIAL PREDICTIVA

**Modelos Discriminativos:** se utilizan para hacer predicciones específicas, como prever si un cliente dejará de utilizar un servicio (*churn*).

**Modelos Generativos:** podrán generar escenarios económicos posibles basados en tendencias pasadas.

## 3. INTELIGENCIA ARTIFICIAL DE OPTIMIZACIÓN

**Modelos Discriminativos:** Ayudan a tomar decisiones sobre cómo asignar recursos de manera eficiente al clasificar rápidamente las opciones.

**Modelos Generativos:** Se utilizan para generar una variedad de soluciones potenciales a un problema.

## 5. INTELIGENCIA ARTIFICIAL GENERATIVA

Es frecuente pensar que en la IA generativa solo se utilizan modelos generativos, pero no es así. También se utilizan modelos discriminativos.

**Modelo Generativo:** Por ejemplo, podría intentar generar una imagen nueva que parezca una fotografía real de un paisaje. Su objetivo es producir resultados que sean lo más realistas posible, utilizando el aprendizaje que ha obtenido de los datos reales (de todos los paisajes que ha visto antes).

**Modelo Discriminativo:** El modelo discriminatorio aquí actúa como un juez. Su trabajo es diferenciar entre los datos reales (las fotos reales de paisajes) y los generados por el modelo. Cada vez que el modelo generativo produce una nueva imagen, el modelo discriminatorio evalúa si la imagen parece real o no.

La magia aparece cuando entran en bucle ambos modelos: el generativo intenta hacer imágenes cada vez mejores y el discriminativo cada vez es más capaz de detectar fallos. La competencia entre ambos es lo que logra que la IA Generativa cada vez de mejores resultados y por eso sea tan espectacular.

\*\*\*\*\*\*\*\*\*\*\*\*\*\*\*\*\*\*\*\*\*\*\*\*\*\*\*\*\*\*\*\*\*\*\*\*\*\*\*\*\*\*\*\*\*\*\*\*\*\*\*\*\*\*\*\*\*\*\*\*\*\*\*\*\*

# ¿CÓMO FUNCIONA LA IA GENERATIVA?

Vamos a entenderlo mejor a través de un ejemplo: imagina que tienes un montón de plastilina de colores y quieres hacer un coche.

## Aprendiendo de los Datos

Primero, observas muchos coches diferentes (deportivos, familiares, todoterrenos, con distinto número de puertas, con formas de ventanas distintas...).

No estás tratando de copiar un coche concreto, sino que estás intentando aprender "qué es lo que hace que un coche sea un coche".

Esto es lo primero que hace la IA generativa: "observa" y "aprende" de los datos que se le dan.

No copia algo, sino que intenta entender los patrones y características generales que tiene un determinado objeto, animal, paisaje, persona...

## Creando algo nuevo

Después de observar y detectar patrones (cosas comunes que hacen por ejemplo que un coche sea un coche), comienzas a modelar la plastilina.

Utilizas lo que has aprendido sobre las formas básicas de los coches, pero también añades tu toque personal. Digamos que estás utilizando todo lo que sabes, pero creando algo nuevo y único, no una réplica exacta de algo que ya has visto.

LA INTELIGENCIA ARTIFICIAL GENERATIVA CREA NUEVOS EJEMPLOS PARECIDOS A LOS DATOS CON LOS QUE SE HA ENTRENADO.

**Truco para saber si algo es IA generativa o no:**

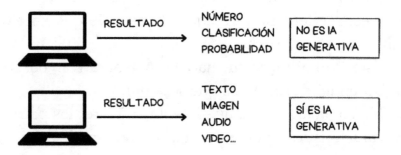

## Tipos de Modelos de IA Generativa

Espero que ya tengas claro lo que es una Inteligencia Artificial Generativa. Recuerda: es algo tan simple como que **"es una IA que genera cosas nuevas"**.

Ahora vamos a aprender los tipos de IA Generativa que existen.

NOTA: No tenía muy claro si poner esta sección de "Tipo de IA Generativa" para "NIVEL AVANZADO".

En realidad, no son conceptos que tengas que saber obligatoriamente para poder utilizar la IA, pero creo que ayudan a entender las distintas formas de generación por parte de la IA, y aunque solo las leas por encima, creo que son interesantes para entender cómo funcionan.

Espero que no te asusten los nombres (sé que parecen bastante complejos) porque, a pesar de ellos, los conceptos que describen son bastante más sencillos.

Imagina diferentes formas de crear un dibujo, una escultura o un libro.

Podríamos decir que cada tipo de IA generativa tiene su propia forma de hacerlos:

## 1. Redes Generativas Antagónicas (GANs)

Imagina dos artistas que trabajan juntos para hacer un dibujo más realista posible, tanto que parezca una foto.

Uno de ellos (el generador) hace el dibujo y trata de hacerlo tan real que nadie pueda decir que no es una foto real.

El otro (el discriminador) intenta adivinar si es una foto real o es un dibujo hecho por su amigo.

El generador sigue practicando y mejorando su dibujo hasta que el discriminador ya no pueda decir si es falso.

El discriminador intentará fijarse mejor en todos los detalles, para detectar mejor cualquier error que descubra que no es una foto real.

Esta "competición" entre ambos, provoca que, como te imaginarás, cada vez los resultados sean mejores.

## 2. Autoencoders Variacionales (VAEs)

Es como si fuera una máquina capaz de hacer copias y generar cosas nuevas parecidas a las que conoce.

¿Cómo funcionan?

Vamos a verlo con un ejemplo de un perro.

1. Entrenamiento: Le das una imagen de un perro de raza bóxer sentado.

2. Codificación: La IA observa la imagen del bóxer e identifica las características (orejas, tipo de pelo, forma de la cabeza, colores).

3. Decodificación: La IA utiliza esas características para generar un dibujo de un bóxer.

4. Generación de Nuevas Imágenes: Después de aprender de muchas imágenes de perros distintos, la IA es capaz de generar imágenes de nuevos

perros. Le podríamos pedir que generara por ejemplo un perro que tuviera las orejas de un bóxer, el pelo de un Beagle, y el color de un Golden Retriever.

## 3. Modelos de Difusión (DM)

Imagina que eres un escultor y tienes un gran bloque de piedra y quieres crear una escultura con él.

Al principio, todo lo que ves es un bloque sin forma. Sin embargo, con tus herramientas, comienzas a quitar trozos de la piedra que no necesitas, poco a poco, hasta que empieza a aparecer la forma de una figura.

Los Modelos de Difusión trabajan de manera similar.

Esta forma de trabajar es interesante porque, al igual que un escultor no sabe exactamente cómo será la figura final hasta que no la termina, el modelo de difusión también va descubriendo y definiendo la imagen a medida que procesa y elimina el ruido ("ruido" serían los trozos de piedra que va quitando al bloque original para darle forma).

## 4. Modelos de Lenguaje de Gran Escala (LLMs)

Cuando era pequeña recuerdo una actividad que hacíamos en clase que consistía en escribir algo en un papel y pasárselo a tu compañera para que la continuara. Ella añadía algo y la volvía a pasar a la siguiente.
Siempre me acuerdo de este juego cuando hablo de LLMs.

Los modelos LLMs son como tener a alguien que puede continuar cualquier historia que comiences.

Si escribes unas pocas palabras sobre cualquier tema (una historia imaginaria, un presupuesto para un cliente o una carta de presentación para una oferta de trabajo), es capaz de inventar y crear el resto.

Funciona uniendo todo lo que ha "leído" antes y creando algo nuevo y basado en esas ideas.

Si ya has utilizado ChatGPT alguna vez, imaginarás que es un LLM.

Tal y como vimos antes, los LLM (Large Language Models) se basa en lo aprendido para predecir y generar texto de manera coherente. Su nombre viene de que han sido entrenados con grandísimas cantidades de datos.

# PARA QUÉ PUEDES UTILIZAR LA IA GENERATIVA HOY MISMO

Utilizar la IA Generativa no significa que le digas a ChatGPT que te haga un trabajo para que tú puedas seguir viendo tu serie favorita.

El verdadero beneficio que puedes obtener es saber utilizarla para fomentar tu creatividad, aumentar la eficiencia en el trabajo, ahorrar tiempo (y ese tiempo puedes utilizarlo para ver la tele, eso sí) e incluso dinero.

Por supuesto que habrá tareas en las que la IA sustituirá a una persona, muchas, no te quiero engañar. Pero lo más inteligente será utilizarla para potenciar tus capacidades.

Veamos ejemplos de cómo hacerlo:

## Creación de contenido

Para profesionales en marketing y comunicación, la IA generativa puede producir borradores de textos, briefings, publicaciones en redes sociales, y material promocional que se alinee con la voz y el estilo de la marca, permitiendo a los equipos enfocarse en estrategias más complejas y creativas.

Por supuesto que todo el trabajo generado por la IA tendrá que estar supervisado por humanos y, precisamente, creo que esa supervisión, corrección o adaptación humana, será la que nos diferencie de la competencia. Piensa que, dada la facilidad para generar textos o imágenes, existirán muchos contenidos similares y (todos lo sabemos) artificiales, por lo que la combinación entre la IA generativa y la creatividad humana, puede ser la clave y lo que, de verdad, impulse tu marca o la de tu cliente.

## Desarrollo de prototipos rápidos o borradores

Tanto en ingeniería y diseño de productos, como en la elaboración de propuestas a un cliente, la IA puede generar rápidamente múltiples prototipos y borradores.

Cuando empezó a escucharse que la IA nos robaría el trabajo, en el sector del marketing bromeábamos con que, si un cliente muchas veces no sabe decirnos lo que quiere, tampoco se lo sabrá pedir a la inteligencia artificial.

Bromas aparte, muchas veces un cliente necesita ver varias ideas para poder saber lo que quiere.

Esto genera pérdidas de tiempo generando borradores o propuestas para que al final, la mayoría queden descartadas.

Con las herramientas adecuadas, podemos entregarle varias propuestas generadas por IA, y dedicar tiempo y esfuerzo a trabajar únicamente en las que no sean descartadas por él.

## Producción audiovisual

Personalmente dudo mucho que una máquina sea capaz de reemplazar por completo a un diseñador o alguien que componga música o cree contenido audiovisual.

Pero creo que en este campo podremos ver varias situaciones:

- Por un lado, las personas que ya son profesionales de esto tendrán a su servicio herramientas de IA que les ayuden a potenciar y expandir su talento.

- Por otro, es indudable que aparezcan nuevos "competidores" (no sé hasta qué punto es lícito llamarlo "intrusismo", confieso que tengo mis dudas) y que ello obligue demostrar aún más nuestro talento y convertirlo en un plus con el que diferenciarse.

Creo que la llegada de la IA Generativa a manos del público en general hace que estos profesionales o artistas sean los que más deberían "ponerse las pilas" con esto cuanto antes para que, en vez de una enemiga, se convierta en su mejor amiga.

Pero para los no profesionales, creo que la IA generativa puede ayudarnos de una manera increíble en nuestro día a día. Por ejemplo, yo genero mis propias imágenes para mis presentaciones, clases o para las páginas y la portada de este libro. Más adelante veremos cómo hacerlo.

## Automatización de tareas repetitivas

La IA generativa puede automatizar tareas repetitivas en la creación de gráficos, edición de fotos, o configuración de páginas web, liberando tiempo para que te concentres en tareas más estratégicas y creativas.

Ya aclaramos al principio de este libro que automatización no es lo mismo que inteligencia artificial, pero que ambas combinadas pueden lograr que las tareas repetitivas se maximicen incluso cuando aparezcan elementos nuevos.

## Mejora de textos y presentaciones

La IA puede ayudar a mejorar, traducir, corregir o modificar textos.

A mí me gusta, utilizarla para hacer borradores de textos o documentos que luego yo voy puliendo.

Muchas veces tengo que hacer una presentación para una clase desde cero, le pido a ChatGPT un índice de contenidos que luego voy modificando y completando.

Aunque el resultado final no se parezca en nada a su propuesta original, me sirve para empezar y evitar ese "miedo a la hoja en blanco" que tenemos a menudo los que escribimos.

Otras veces le puedes pedir que te mejore un texto (tuyo o de otra persona) o te genere uno nuevo pero escrito en otro tono, o que te añada gráficos para hacerlo más atractivo.

Algunas veces cuando estoy leyendo un artículo muy técnico en inglés y estoy cansada (o no tengo tiempo), le pido que me lo traduzca y me haga un esquema con las ideas principales.

## Educación personalizada

La IA generativa puede crear materiales educativos personalizados que se adapten al ritmo y estilo de aprendizaje de cada estudiante, haciendo la educación más accesible y efectiva para todos.

Además, puedes pedirle que te genere distintas formas de explicar un concepto que se te resiste y que quieres entender perfectamente.

Puede llegar a ser realmente efectivo cuando te explica algo y le dices que no logras entenderlo y necesitas que te lo explique mejor, así que no temas ser "pesado" y pídele las cosas varias veces si te hace falta.

Otro de los avances, por ejemplo, con la llegada de ChatGPT-4o, es que podemos pedirle que te ayude a resolver un problema de matemáticas sin que te diga la solución. Puede ejercer de profesor que te va haciendo razonar y te ayuda a dar con la solución por ti mismo, o incluso puedes hacer una foto o un vídeo de una fórmula que tengas escrita en una pizarra y decirle que detecte si hay algún error.

## Optimización de Recursos

En cualquier negocio, y en la vida en general, la IA generativa puede analizar datos para sugerirte mejoras y optimizaciones.

Desde la gestión de inventarios hasta la programación de tareas, o simplemente, ayudándote a decidir qué puedes preparar de cena con los ingredientes que tienes en la nevera.

# DUDAS Y CONSIDERACIONES ÉTICAS MÁS COMUNES

## ¿Quién es el autor de una obra creada por una IA?

Imagínate que has creado un pincel "mágico" que puede pintar un cuadro por sí solo después de observar muchos otros.

Si ese pincel pinta una obra de arte maravillosa, ¿quién es el verdadero artista? ¿el pincel, la persona que lo creó o alguien más?

Cuando hablamos de contenido generado por IA no está claro quién debería recibir el crédito: ¿la IA, el programador que la creó, o la empresa que proporciona la tecnología para que pueda hacerlo?.

Es complicado e imagino que a medida que su uso en las empresas avance, se tendrán que ir clarificando estos temas.

Pero a mí me surge, además, otra duda que tiene que ver con la ética y la inspiración.

Permitidme que os la plantee aquí: La IA Generativa se basa en ejemplos anteriores y en datos obtenidos para crear algo nuevo.

Imagina que un artista famoso tiene un estilo único de pintura que mucha gente puede reconocer de inmediato como Picasso o Paul Cézanne.

Si una IA analiza muchas de sus obras y luego crea una obra nueva, aunque el contenido sea diferente, el estilo podría parecerse mucho al del artista original.

Esto plantea la pregunta: ¿Es esto justo para el artista original? ¿Es ético que la IA "copie" su estilo, aunque la obra final sea distinta?

## Originalidad y Derechos de Autor

### ¿Qué dice la ética?

El grado de inspiración que le pidamos puede ser mayor o menor: no es lo mismo pedirle que dibuje a una niña jugando en la playa, a pedirle eso mismo, pero con el estilo de una película de Pixar, o de pintores como Sorolla o Cézanne. O pedirle que te cree un logo inspirado en otro existente. O que te traduzca una obra existente y adapte el lenguaje a la misma.

¿Puedes hacerlo? Técnicamente es posible, claro.
¿Es ético? Pienso que no.
La gravedad dependerá del grado de similitud, aunque también del fin comercial, personal o del beneficio que vayas a obtener.

Me preocupa mucho este tema porque la ética es algo que va más allá de las normas o leyes.

Así que aprovecho que estás leyendo este libro para pedirte que seas respetuoso con las obras de los demás. No porque lo dicte la ley, sino porque decides ser íntegro y como reza una de mis citas favoritas (atribuida a C.S. Lewis, aunque no hay evidencias de que sea suya):

"Integridad es hacer lo correcto, incluso cuando nadie está mirando."

## ¿Qué dice la ley?

Aunque la IA puede crear contenido que parezca original, si se basa fuertemente en el estilo de un artista específico y lo hace sin su permiso explícito, podría considerarse una infracción de los derechos de autor.

La ley de derechos de autor protege las expresiones creativas, pero no las ideas o estilos en sí.

Sin embargo, si el estilo es muy distintivo y reconocido como asociado a un artista en particular, su imitación podría llevar a acusaciones de copia o de aprovechamiento indebido de la reputación del artista.

El mayor problema para mí se plantea precisamente para autores no tan conocidos.

¿Qué ocurre si alguien pretende copiar el estilo de este libro? ¿Tendría yo alguna protección sobre ello pese a que el origina esté registrado si únicamente copian el estilo?

Tengo mis dudas. A menudo vemos en redes sociales a diseñadores que enseñan como grandes cadenas de ropa copian sus diseños y aunque el clamor y la defensa social ayudan, el no hacerlo recae sobre todo en la moral de cada persona y el respeto al autor original a través de la transparencia y el reconocimiento.

Quiero pensar que todavía existen personas que pudiendo infringir la ley o aprovecharse del trabajo de otros, prefieren no hacerlo.

# CÁPITULO 7
# EL PROMPT: EL NUEVO "IDIOMA" QUE TIENES QUE APRENDER (Y DOMINAR) PARA HABLAR CON LA IA

A estas alturas ya te habrás dado cuenta de que la inteligencia artificial no solo nos permitirá hacer algunas cosas mejor o más rápido, sino que, además, cambiará nuestra forma de hacerlas.

Uno de los mayores cambios que ha supuesto para mí la llegada de la IA tiene que ver con cómo nos comunicamos e interactuamos con el ordenador y aquí, aparece un nuevo "personaje" en escena que es lo suficientemente importante como para dedicarle un capítulo entero.

Es lo que llamamos "**prompt**" y que podríamos traducir como "**instrucción**" o "**petición**".

Hace años, interactuar y "hablar" con los ordenadores era algo que solo podían hacer los programadores y las personas que creaban contenidos en grandes empresas. Era como si solo un grupo selecto de personas tuviera el control del mando a distancia de la televisión, y todos los demás solo pudiéramos mirar.

Años después, ocurrió algo inimaginable: la web se fue transformando de ser un lugar donde solo unos pocos publicábamos contenido, a uno donde todo el mundo podía contribuir y participar de forma activa.

A esto se le llamó Web 2.0. y fue donde surgieron los blogs, redes sociales y plataformas que permitían a cualquier persona, sin necesidad de conocimientos técnicos ni entender código, compartir ideas, fotos, historias y participar en todo tipo de conversaciones. Cualquier usuario dejó de ser un mero espectador para convertirse en creador de contenido (por eso me sorprende tanto que alguien se identifique como "creador de contenido", ¿acaso no lo somos todos?).

Desde ese momento, cualquier persona podía subir o añadir contenido a internet, sin embargo, para pedirle que hiciera algo, necesitaba aún conocimientos de programación, lo que limitaba mucho quién podía hacer estas peticiones.

Por otro lado, una de las características de la programación, es que tienes que especificar cada una de las tareas que tenía que hacer para obtener un resultado, y esto es algo que la IA también va a cambiar.

A partir de ahora, gracias a los Transformers y LLMs, no solo podemos comunicarnos con un ordenador como si habláramos con un amigo, sino que además le podemos especificar el resultado y él solo sabrá enumerar las tareas necesarias para lograrlo. Solo necesitamos saber qué queremos preguntar o lograr.

Para mi **este es uno de los cambios más sustanciales** cuando hablamos de poner la Inteligencia Artificial al alcance de todos, porque es lo que realmente permite que se puedan crear, no solo textos, imágenes, vídeos o música, sino programas, aplicaciones... y ello, comunicándote con él, en tu mismo "idioma".

Y por eso creo que es importante dedicarle un capítulo al **prompt**, este nuevo lenguaje que te permite comunicarte con las herramientas de inteligencia artificial y que será para ti como una "varita mágica" que cuanto mejor utilices, mayores beneficios te dará.

## ¿QUÉ ES UN PROMPT?

Un prompt es como una instrucción, pregunta o una petición que le haces a un programa (llamado LLM o modelo de lenguaje), para que te dé una respuesta. No es otra cosa que pedirle, por ejemplo, a Chat GPT que haga algo.

Imagina que tienes una "varita mágica" a la que puedes pedirle que te escriba un poema, te cree una canción, te elimine una parte de una foto, te resuelva un problema de matemáticas o te cree una presentación. Lo que le pides a esa "varita mágica" que haga, es un prompt.

## PROMPT

Un prompt es como una pregunta o una instrucción que le das a un ordenador para obtener una respuesta o para que haga algo por ti.

Tenemos a nuestra disposición un ayudante muy listo y capaz de hacer muchas cosas, pero necesita instrucciones claras. Cada instrucción que le damos es lo que llamamos prompt. Y lo bien que escribas ese prompt, determinará la calidad de las respuestas que obtengas de la inteligencia artificial.

> NOTA: En inglés "prompt" no solo es la instrucción, sino que también puede ser un verbo ("to prompt") que significa "dar esa instrucción".

## PROMPT ENGINEERING

Es un término que se utiliza para hablar del proceso de diseñar y optimizar los "prompts" (recuerda, las instrucciones que se le dan a una herramienta de IA) para obtener los mejores resultados posibles.

**NOTA:** A mí me parecía un poco exagerado utilizar el término "ingeniería" para hablar optimizar y diseñar prompts pero este es el motivo por el que se llama así: Aunque el término pueda parecer grandioso, parece ser que se utiliza para reflejar la importancia y la complejidad de la tarea de formular prompt, haciendo una comparación con los procesos y desafíos típicos de la ingeniería.

En el prompt engineering, se utilizan métodos específicos (técnicas detalladas para formular instrucciones entendibles para la IA) y una metodología sistemática (un enfoque organizado para probar y ajustar instrucciones), similar a cómo un ingeniero aplica principios científicos para optimizar máquinas o estructuras.

Esto no solo implica comprender cómo la IA procesa la información, sino también ajustar los prompts cuidadosamente para maximizar la eficacia y eficiencia de las respuestas de la IA, reflejando la complejidad y precisión de la ingeniería tradicional.

Aunque a mí me parece un poco pretencioso, es un término tan extendido que no nos queda otra que utilizarlo.

## Transformers, LLMs y prompts

¿Recuerdas lo que eran los **Transformers**? Son modelos de IA capaces de entender y generar lenguaje. Es como hablar con alguien muy bien informado: le haces una pregunta, y él utiliza todo lo que sabe para darte la mejor respuesta posible.

Los **LLMs** (Large Language Models o Modelos de Lenguaje de Gran Escala) son simplemente transformers que han sido entrenados con enormes cantidades de texto.

Pues cuando quieres que un LLM haga algo, le das una instrucción, que es lo que llamamos un "**prompt**".

UTILIZAMOS PROMPTS PARA DECIRLE AL LLM (QUE USA LA ESTRUCTURA DE UN TRANSFORMER) LO QUE QUEREMOS QUE HAGA.

A partir de ese momento, el modelo usa lo que ha aprendido durante su entrenamiento para entender tu pedido y generar una respuesta adecuada.

# LA FÓRMULA MÁGICA:
# EL PROMPT PERFECTO

Vamos a ver dos ejemplos de prompts muy distintos para pedirle algo a ChaGPT:

## Prompt simple:

"Dame algunos consejos para hacer ejercicio."

## Prompt más elaborado:

"Crea una guía detallada de ejercicios para un hombre de 35 años que quiere mejorar su condición física general. Suele caminar a diario y puede dedicar 30 minutos al día, tres veces a la semana, para hacer ejercicio. En casa dispone de una esterilla de yoga, unas mancuernas de 3 kg y una cuerda para saltar. Incluye rutinas que se pueden realizar con esta equipación (o sin utilizar equipación), con ejemplos específicos de ejercicios, número de repeticiones y series. Además, ofrece consejos sobre cómo mantener la motivación y técnicas para evitar lesiones, teniendo en cuenta su disponibilidad y condición física. Muéstralo todo en una tabla que incluya todos los días del mes y especifica lo que debería hacer cada día en las celdas correspondientes."

Como habrás visto, crear el prompt perfecto es como preparar una receta prestando mucha atención a los detalles. Necesitarás los ingredientes correctos y en las proporciones adecuadas.

Cuando hablamos de prompts, esto quiere decir incluir elementos clave como la **tarea** específica que esperamos que haga, el **contexto** que debe tener en cuenta, el **estilo** o el **tono**, el **formato** en el que queremos que nos de la respuesta **y algunas otras especificaciones** que ahora veremos en detalle.

Supongamos que necesitas pedirle a tu asistente que escriba un correo electrónico para convocar una reunión con todo el equipo.

Seguramente si le dices: *"Escribe un correo para convocar la reunión"*, aunque en este caso ya conoce algo del contexto, necesitará hacerte algunas preguntas como la fecha y hora de la reunión, el tema a tratar, su importancia y otros detalles.

Estarás de acuerdo que será mucho más efectivo pedirle que redacte un correo dándole más datos como *"quiero que convoques a todo el equipo para discutir el lanzamiento del nuevo producto, ver avances y propuestas de mejoras. La reunión será el 10 de diciembre a las 10 am. Diles al final que es necesario que confirmen asistencia antes de las 12 de la mañana hoy"*.

Es fácil imaginar que con el segundo prompt, la posibilidad de que lo haga bien a la primera aumenta considerablemente.

Aunque la forma de aprender es creando tus propios prompts, vamos a ver los ingredientes que necesitamos para que un prompt con más posibilidad de acierto.

## LA FÓRMULA MÁGICA: LOS INGREDIENTES DEL PROMPT

Espero haberte convencido ya de que, en la inteligencia artificial generativa, la calidad de nuestras entradas determina la calidad de las salidas. Dicho de otra forma, la calidad de las preguntas, peticiones o instrucciones (es decir del prompt) determina la calidad del resultado que obtenemos.

## LA FORMÚLA MÁGICA

[CONTEXTO] + [PERSONA] + [TAREA]
+ [TONO] + [FORMATO] + [EJEMPLO]

| | | | Más importante |
|---|---|---|---|
| ☐ | [TAREA] | Qué quieres que haga | |
| ☐ | [CONTEXTO] | Describe el contexto en el que lo necesitas | |
| ☐ | [FORMATO] | Especifica en qué contexto lo quieres | |
| ☐ | [TONO] | Define el tono en el que quieres la respuesta | |
| ☐ | [PERSONA] | Rol del experto que te gustaría que te ayudara | |
| ☐ | [EJEMPLO] | Ejemplo con el estilo, estructura y tono | Menos importante |

# LAS PARTES DE UN PROMPT

## TAREA

Parece algo evidente pero lo primero que deberemos escribir será siempre el verbo en el que especifiquemos una acción: "genera", "dame", "escribe", "analiza", "traduce", "resume", etc. y, a continuación, describe el objetivo que quieres conseguir.

**Puede ser una única tarea:**

"Haz un resumen del siguiente texto".

**O varias a la vez:**

"Traduce al inglés, resume y haz un listado de los puntos más importantes de este texto".

# CONTEXTO

Es una de las partes más difíciles porque la mayoría de las veces tenemos mucha información que darle. Pero deberemos seleccionar la que realmente sea relevante para que la IA haga bien su trabajo.

Si yo le pido a ChatGPT que me haga un plan de entrenamiento, será irrelevante decirle que la persona es rubia, castaña o morena y, sin embargo, la edad sí será un dato importante.

Dentro de las infinitas posibilidades, hay tres cosas que funcionan bien a la hora de acotar el contexto:

- Quien es la persona a la que va dirigido
- Qué pretende conseguir
- Cuáles son las circunstancias
-

# EJEMPLOS

Los ejemplos consiguen que se los resultados se ajusten más a lo que queremos. No son obligatorios, pero ayudan a que la IA entienda bien lo que queremos conseguir.

Nota: yo he notado que dar demasiados ejemplos tampoco es bueno, porque la respuesta se suele basar demasiado en ellos o en variaciones de ellos. A mí me funciona mejor dar uno o dos ejemplos, no más.

# PERSONA / ROL

Se trata de explicar quién quieres que sea exactamente ChatGPT.

El truco es pensar en esa persona a la que te gustaría tener acceso cuando te enfrentas a un problema (un bombero en un incendio, un médico cuando te duele algo, una persona experta en selección de personal cuando redactas un currículo, un nutricionista cuando necesitas un plan de alimentación sana…).

Utiliza el rol cuando sea necesario, es opcional.

# FORMATO

Es muy sencillo: se trata de pedir a la herramienta de IA que estés utilizando cómo quieres que te muestre el resultado (una imagen, un texto, una lista, un email, una tabla…). Trata de visualizar cómo quieres el resultado y pídeselo así.

# TONO

El tono es bastante fácil de especificar (desenfadado formal, divertido, pesimista, etc).

| | | | |
|---|---|---|---|
| Formal | Informal | Académico | Técnico |
| Persuasivo | Divertido | Serio | Inspirador |
| Motivacional | Satírico | Irónico | Sarcástico |
| Cómico | Entusiasta | Calmado | Diplomático |
| Neutral | Objetivo | Subjetivo | Crítico |
| Cauteloso | Directo | Sutil | Profesional |
| Elegante | Poético | Lírico | Dramático |
| Melancólico | Triste | Alegre | Apasionado |
| Respetuoso | Curioso | Descriptivo | Analítico |
| Reflexivo | Escéptico | Optimista | Pesimista |
| Pragmático | Lúdico | Misterioso | Urgente |
| Relajado | Histórico | Romántico | Científico |
| Didáctico | Provocativo | Compasivo | Empático |
| Enérgico | Pausado | Reservado | Soñador |
| Práctico | Especulativo | Factual | Imaginativo |
| Autoritario | Sugestivo | Educativo | Informativo |
| Explicativo | Desafiante | Afirmativo | Negativo |
| Imparcial | Alarmante | Simpático | Autoritativo |
| Narrativo | Político | Religioso | Filosófico |
| Cálido | Frío | Tradicional | Moderno |

## EJEMPLOS CON TODOS LOS ELEMENTOS

"Imagina que eres un agente de viajes experto (PERSONA). Necesito que me hagas (TAREA) un itinerario detallado en formato de lista (FORMATO) para un viaje de 7 días a Japón. Incluye actividades culturales, restaurantes recomendados y opciones de transporte entre ciudades. Usa un tono informativo y amigable (TONO). Asegúrate de considerar que el viaje es en primavera, por lo que quiero aprovechar la temporada de cerezos en flor (CONTEXTO). Por ejemplo, incluye una visita al parque Ueno en Tokio para el día de llegada (EJEMPLOS)."

"Supón que eres un consultor de negocios con experiencia en startups tecnológicas (PERSONA). Quiero que desarrolles (TAREA) un plan de negocio en una presentación de PowerPoint (FORMATO) que cubra estrategias de mercado, análisis de competencia y proyecciones financieras. Utiliza un tono profesional y persuasivo (TONO). Considera que la startup se enfoca en desarrollar aplicaciones de salud digital (CONTEXTO) y piensa en incluir un análisis del éxito de empresas similares como XXX (EJEMPLOS)."

"Por favor, crea un artículo de blog (tarea) sobre las últimas tendencias en tecnología sostenible (contexto). Imagina que eres un experto en tecnología sostenible que asesora a startups (persona). El artículo debe estar bien estructurado con introducción, desarrollo y conclusión (formato), y redactado en un tono informativo pero atractivo (tono)."

"Necesito ayuda para comprender el teorema de Pitágoras (tarea). Estoy estudiando geometría básica y me confunde cómo se aplica este teorema en problemas reales (contexto). Actúa como un tutor de matemáticas que explica conceptos a un estudiante de secundaria (persona). Por favor, proporciona la explicación en forma de puntos numerados para cada paso del cálculo (formato), y usa un tono amigable y fácil de comprender (tono)."

"Redacta una carta formal de reclamación (tarea) para una compañía aérea por un vuelo que fue cancelado sin previo aviso la semana pasada, lo que causó muchos inconvenientes (contexto). Imagina que eres un abogado especializado en derechos del consumidor (persona). La carta debe incluir una introducción, el cuerpo principal con la queja detallada y una conclusión solicitando una compensación específica (formato), y debe ser escrita en un tono formal y respetuoso (tono)."

# MEJORANDO (AÚN MÁS) TUS PROMPTS

En esta sección te detallo algunas cosas que pueden hacer que la IA entienda mejor tus peticiones y os "entendáis" mejor.

## SÉ CONCISO

A fecha de hoy funcionan mejor las órdenes o instrucciones simples. Puedes especificar dos partes de una misma tarea (por ejemplo, "traduce y resume") pero es más eficaz añadir una sola tarea por prompt (ej. "resume este texto" y luego "genera una tabla con este otro").

## FOCUS

Enfócate en lo que quieres conseguir. No le des un contexto tan amplio que distraiga a la IA de lo que realmente quieres que genere.

## PÍDELE VARIACIONES

Si te gusta algo que ha generado, pero no lo acabas de ver perfecto, pídele que modifique algo o que lo vuelva a hacer con otros ejemplos. Esto a veces enriquece mucho el resultado.

También puedes decirle que te gusta un resultado, pero lo necesitas más largo, o en otro tono.

## PÍDELE QUE TE HAGA PREGUNTAS

Para mi este es uno de los mejores trucos para sacarle todo el provecho a herramientas como ChatGPT.

Consiste en explicarle lo que quieres y terminar el prompt diciéndole "dime qué más necesitas saber para ayudarme / para hacerlo...".

En ese momento la IA revisará tu petición y verá qué datos necesita y te los preguntará. De esta forma te ayudará a formular mejor tu petición y mejorará la respuesta.

Veámoslo con un ejemplo:

**You**

Estoy preparando una conferencia sobre Inteligencia Artificial y quiero que me crees una lista de los puntos imprescindibles. Dime qué necesitas para poder ayudarme.

**ChatGPT**

¡Me alegra ayudarte a preparar tu conferencia sobre Inteligencia Artificial! Para crear una lista de puntos imprescindibles que deberías cubrir, sería útil tener la siguiente información:

1. **Objetivo de la Conferencia**: ¿Cuál es el principal objetivo o mensaje que quieres transmitir a tu audiencia? Por ejemplo, ¿es educar, inspirar, informar sobre avances específicos, o discutir las implicaciones éticas de la IA?
2. **Duración de la Conferencia**: ¿Cuánto tiempo durará tu presentación? Esto ayudará a determinar cuántos temas o puntos puedes abordar de manera efectiva.
3. **Audiencia**: ¿Quiénes son los asistentes? Por ejemplo, ¿son estudiantes universitarios, profesionales del sector, empresarios, o una mezcla de personas con y sin conocimientos técnicos? Conocer a tu audiencia ayudará a adaptar el contenido para que sea relevante y comprensible para ellos.
4. **Áreas de Foco en IA**: La inteligencia artificial es un campo amplio, ¿hay áreas específicas sobre las que deseas hablar? Por ejemplo, aprendizaje automático, visión por computadora, ética en IA, aplicaciones en salud, negocios, etc.
5. **Formato de la Conferencia**: ¿Cómo estás planeando estructurar tu conferencia? ¿Habrá presentaciones, paneles, sesiones de preguntas y respuestas, o demostraciones prácticas?
6. **Recursos Disponibles**: ¿Qué recursos o tecnologías tendrás disponibles para la presentación? Por ejemplo, ¿podrás hacer demostraciones en vivo, mostrar videos, o necesitas que todo sea a través de diapositivas?

Con esta información, podré ayudarte a diseñar una lista de puntos clave que aseguren que tu conferencia sea informativa, atractiva y bien organizada.

En este ejemplo le hemos dado muy poca información y es normal que las preguntas sean muchas. En otros casos en los que le hayamos dado más información, con esta técnica, conseguiremos pulir los detalles igualmente.

La magia de la inteligencia artificial es que puedes responder a todas las preguntas, solo a algunas de ellas, en el mismo orden o no, y, como si hablaras con un humano, entenderá a qué te refieres en cada caso.

\*\*\*\*\*\*\*\*\*\*\*\*\*\*\*\*\*\*\*\*\*\*\*\*\*\*\*\*\*\*\*\*\*\*\*\*\*\*\*\*\*\*\*\*\*\*\*\*\*\*\*\*\*\*\*\*\*\*\*\*\*\*\*\*

**NIVEL AVANZADO**
Recuerda que este apartado es solo para quienes quieran profundizar más. Puedes leerlo, saltártelo o volver cuando acabes el libro. No afecta al resto.

## Hemos venido a jugar:
## El Playground de OpenIA y las APIs.

Como vimos al principio de este capítulo, el concepto de "prompt engineering" es el arte de mejorar los prompts para obtener resultados más adaptados a lo que necesitamos, sabiendo que la calidad de las respuestas depende de cómo formulemos las preguntas.

Todo lo que hemos visto sobre los ingredientes que debe contener un prompt y los consejos para mejorarlos, forman parte de ese proceso.

**Prompt simple:**

"Quiero que me hagas un resumen de El principito".

**Prompt mejorado:**

"Imagina que eres un profesor de literatura preparando materiales para una clase de estudiantes de secundaria que están aprendiendo sobre literatura clásica universal. Necesito que crees un resumen detallado del libro 'El Principito' de Antoine de Saint-Exupéry. El resumen debe incluir los temas principales del libro, una breve descripción de los personajes más importantes, y una explicación de las lecciones morales que el libro intenta transmitir. Asegúrate de presentar el contenido en un formato claro y estructurado, con subtítulos para cada sección principal. Utiliza un tono educativo pero accesible, adecuado para jóvenes que pueden estar leyendo este tipo de literatura por primera vez."

Ahora me gustaría hablarte de un lugar que no todo el mundo conoce. Es un lugar reservado a usuarios avanzados o personas que quieran experimentar.

Te adelanto que es un espacio de pago al que únicamente le sacarán partido los usuarios algo avanzados y con ciertos conocimientos técnicos, pero sí me gustaría que supieras que existe y lo que se puede hacer en él.

## PLAYGROUND DE OPENAI

Aquí es donde puedes jugar y experimentar con todos estos conceptos. El Playground es como un laboratorio donde puedes probar diferentes tipos de prompts y ver cómo responde el modelo, ayudándote a aprender y mejorar tus habilidades de prompt engineering.

Podríamos decir que ChatGPT es la cocina donde elaboras algo con unos ingredientes y el Playground de OpenIA es un laboratorio donde probar y experimentar nuevas técnicas y métodos de hacer las cosas.

## • EL MARKDOWN

Piensa en Markdown como la gramática de este nuevo idioma. Te ayuda a organizar tus peticiones de manera más bonita y clara, usando títulos, listas y negritas para destacar partes importantes.

Es importante resaltar que el markdown no hace referencia únicamente al formato del texto, sino también a la importancia de cada elemento (como se haría en HTML si añades encabezados (H1, H2... negrita, etc.)

Es como utilizar lápices o rotuladores de colores para resaltar el texto que escribes en un cuaderno para hacer que algunas palabras sean más grandes, otras en negrita, resaltar las más importantes o incluso crear listas y enlaces a otras páginas web.

Cuando estás escribiendo un prompt en vez de utilizar rotuladores, utilizas etiquetas de lo que llamamos markdown.

Veamos los principales parámetros que podrías utilizar:

**NEGRITA**
Para poner una palabra o frase en negrita, escribe ** al principio y al final.
Por ejemplo: **palabras en negrita** quedaría así: **palabras en negrita.**

*CURSIVA*
Para poner una palabra o frase en cursiva, escribe * o _ al principio y al final.
Por ejemplo:
*palabra en cursiva* o _palabra en cursiva_
Quedaría así: *palabra en cursiva.*

## *NEGRITA Y CURSIVA*

Para combinar negrita y cursiva en una palabra o frase, escribe *** al principio y al final.

Por ejemplo:

***palabra en negrita y cursiva***

quedaría así: ***palabra en negrita y cursiva***.

## ~~TACHADO~~

Utiliza ~~ al principio y al final de la frase.

Por ejemplo: ~~esto está tachado~~

quedaría así: ~~esto está tachado~~.

---

**NEGRITA**

Para poner una palabra o frase en negrita, escribe `**` al principio y al final.

Por ejemplo: `**palabras en negrita**` resulta en **palabras en negrita**.

**CURSIVA**

Para poner una palabra o frase en cursiva, escribe `*` o `_` al principio y al final.

Por ejemplo: `*palabra en cursiva*` o `_palabra en cursiva_` resulta en *palabra en cursiva*.

**NEGRITA Y CURSIVA**

Para combinar negrita y cursiva en una palabra o frase, escribe `***` al principio y al final.

Por ejemplo: `***palabra en negrita y cursiva***` resulta en ***palabra en negrita y cursiva***.

**TACHADO**

Para tachar palabras, usa `~~` al principio y al final de la frase.

Por ejemplo: `~~esto está tachado~~` resulta en ~~esto está tachado~~.

---

# ENCABEZADOS

Markdown permite crear varios niveles de encabezados usando #. Cuantos más # uses, más pequeño será el encabezado.

# Encabezado 1
## Encabezado 2
### Encabezado 3
#### Encabezado 4
##### Encabezado 5

Por ejemplo:

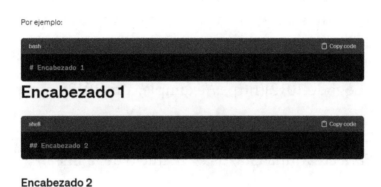

**LISTAS**

Este es bastante intuitivo.

Para listas no ordenadas, usa *, +, o - al inicio de la línea.

- Elemento 1
- Elemento 2

Para listas ordenadas, simplemente comienza la línea con números.

1. Primer ítem
2. Segundo ítem

**ENLACES**

Para crear un enlace, encierra el texto del enlace en corchetes [] y luego coloca la URL inmediatamente después, entre paréntesis ().

Por ejemplo: [1012](https://www.1012.es)

**IMÁGENES**

Para insertar imágenes, el formato es similar a los enlaces pero con un signo de exclamación ! al principio.

Por ejemplo: donde "Alt text" es el texto alternativo para la imagen y "url" es la dirección de la imagen.

![Logode 1012](https://example.com/1012_logo.png)

**CITAS**

Para crear una cita, usa > al inicio de la línea.

## • LA TEMPERATURA

Ajustar la temperatura es como de creativas queremos que sean las respuestas que nos devuelva. Una temperatura baja te da respuestas más lógicas y predecibles (*por ejemplo, si le pregunto cómo es el cielo me dirá "azul"*), mientras que una temperatura alta puede dar resultados más originales y a veces inesperados.

## • TOP-K Y TOP-P SAMPLING

Estos son como filtros que decides ponerle a las respuestas del modelo. Con estos comandos reducimos las palabras que el modelo puede utilizar, y así acotamos más las respuestas.

- ## STOP SEQUENCES

Son como signos de puntuación con los que le dices al modelo dónde parar, y así nos aseguramos de que no sigue hablando una vez que ha respondido a nuestra pregunta.

- ## PROMPT CHAINS Y THREADED PROMPTS

Utilizar cadenas de prompts es como tener una conversación con respuestas y seguimientos planificados. Ayudas al modelo a profundizar en un tema paso a paso.

- ## APRENDIZAJE ZERO-SHOT, ONE-SHOT Y FEW-SHOT

Describen cuántos ejemplos necesita el modelo para hacer bien una tarea.

**Zero-shot** significa sin ejemplos previos, **one-shot** con un solo ejemplo, y **few-shot** con unos pocos ejemplos.

# LAS APIs

## ¿Qué es una API?

API son las siglas de "Application Programming Interface" que en significa "Interfaz de Programación de Aplicaciones".

Una API es como un puente que permite que dos programas o aplicaciones se comuniquen entre ellas y compartan información.

Por ejemplo, la API de Google Maps se utiliza en una web de pizza a domicilio para que dentro de ella se utilicen los servicios de mapas o localización de Google Maps (y te muestre en Google Maps por dónde va tu pedido).

## APIs en el contexto de la Inteligencia Artificial

La API de ChatGPT permite a los desarrolladores integrar las funciones o capacidades de ChatGPT en sus propias aplicaciones o sitios web. Esto significa que pueden hacer que ChatGPT responda preguntas, genere texto o realice tareas automatizadas dentro de sus propios programas.

\*\*\*\*\*\*\*\*\*\*\*\*\*\*\*\*\*\*\*\*\*\*\*\*\*\*\*\*\*\*\*\*\*\*\*\*\*\*\*\*\*\*\*\*\*\*\*\*\*\*\*\*\*\*\*\*\*\*\*\*\*\*\*\*\*\*

# CÁPITULO 8
# GUÍA DE INICIO RÁPIDO DE LA IA GENERATIVA

Una de mis películas favoritas es Mary Poppins.

Tal vez por ello, cuando hablo de Inteligencia Artificial Generativa me acuerdo de ese bolso del que ella sacaba todo tipo de objetos según los necesitaba.

En lugar de un bolso, la IA generativa es una tecnología muy avanzada que te permite crear cosas de todo tipo, pero siempre nuevas: imágenes, textos, música, voces, videos, documentos…

Esta capacidad para crear desde cero es lo que hace que el tipo de inteligencia artificial que más se está "colando" en nuestro día a día y que nos deja maravillados haciendo posibles cosas que antes solo podíamos imaginar.

En el capítulo anterior hemos hecho un repaso de los distintos tipos de IA (analítica, predictiva, de optimización y generativa) para situarnos dentro del mapa general de la Inteligencia Artificial. También vimos cómo funciona, los tipos de modelo, sus posibles usos e incluso el tema de los derechos de autor.

En este capítulo, vamos a explorar los diferentes tipos de herramientas de IA generativa y vamos a ver cómo funcionan.

Analizaremos las herramientas más conocidas y veremos cómo con ellas podremos generar textos, imágenes y muchas otras cosas de forma fácil y sin conocimientos técnicos.

\*\*\*\*\*\*\*\*\*\*\*\*\*\*\*\*\*\*\*\*\*\*\*\*\*\*\*\*\*\*\*\*\*\*\*\*\*\*\*\*\*\*\*\*\*\*\*\*\*\*\*\*\*\*\*\*\*\*\*\*\*\*\*\*\*\*\*

**NIVEL AVANZADO**

Recuerda que este apartado es solo para quienes quieran profundizar más. Puedes leerlo, saltártelo o volver cuando acabes el libro. No afecta al resto.

TIPOS DE MODELOS DE IA GENERATIVA

### 1. Modelos Generativos Basados en Texto

Estos modelos son capaces de entender y generar texto que parece escrito por un humano.

A su vez pueden ser de varios tipos:

## 1.1. Redes Neuronales Recurrentes (RNN).

Son capaces de recordar lo que dijimos antes y generar texto coherente, útil para mantener conversaciones como si fuera un humano **y Redes Neuronales LSTM (Long Short-Term Memory)**, que son iguales, pero con más memoria a largo plazo.

## 1.2. Transformers

Recuerda que los Transformers eran una nueva arquitectura de red neuronal (es decir un modelo que imita la estructura de un cerebro humano) capaz de procesar el lenguaje natural y que es la base de que hoy nos podamos comunicar (hablar) con la IA.

Dentro de los Transformers destacan los GPT (Generative Pre-trained Transformers).

## 1.3. LLMs (Modelos de lenguaje a gran escala)

Ya vimos que son modelos que han sido entrenados "leyendo" enormes cantidades de texto y ello les permite generar textos nuevos de altísima calidad.

Ejemplos más conocidos:

- ChatGPT de OpenAI
- Gemini de Google
- Claude de Anthropic
- Copilot de Microsoft

## 2. Modelos Generativos de Imágenes

### 2.1. Redes Generativas Antagónicas (GANs)

Recuerda el ejemplo que vimos anteriormente: es como dos amigos trabajaran juntos: uno dibuja y otro critica sus dibujos. El primero trata de hacerlo lo mejor posible para que no lo critiquen y el segundo trata de detectar fallos a toda costa. La unión de los dos supone que el resultado sea cada vez mejor.

### 2.2. Modelos de Difusión y Otros Modelos

Funcionan como aquel escultor que vimos, que iba afinando su obra a base de quitar trozos de una piedra para ir dando forma a la escultura. Estos modelos generan imágenes eliminando ruido de un modelo inicial.

Ejemplos más conocidos:

- DALL-E
- Stable Diffusion
- MidJourney

### 2.3. Autoencoders Variacionales (VAEs)

Los VAEs capaces de crear distintas versiones (parecidas pero diferentes) de una imagen.

## 3. Modelos Generativos de Audio y Música

### 3.1. Redes Neuronales para audio

Son modelos capaces de aprender de la música existente y crear canciones o melodías nuevas.

Ejemplo más conocido:
* Suno.com

### 3.2. Modelos de clonación de voz

Estas herramientas pueden entrenarse subiendo archivos con una voz y a partir de ella son capaces de generar fragmentos de audio con voz prácticamente idéntica.

Ejemplo más conocido:
* ElevenLabs.io
* murf.ai

### 3.3. Modelos basados en espectrogramas

Son modelos capaces de generar música a partir de una imagen (a la que llamamos espectrograma).

Ejemplo: Aunque los espectrogramas suelen ser en color, este es un ejemplo en blanco y negro, para que entiendas lo que es:

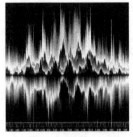 El eje horizontal representa el tiempo y el vertical las frecuencias. Los colores (en este caso solo son tonalidades de grises) diferencian sonidos más fuertes, de otros más suaves.

## 4. Modelos Generativos de Video

### 4.1. Modelos de video sintético

Estos modelos son capaces de crear videos desde cero. Es como si pudieran hacer una película sin necesidad de utilizar una cámara.

Ejemplos:
- runwayml.com
- animaker.es

### 4.2. Redes Generativas para video de movimiento humano

Estos modelos aprenden cómo se mueven las personas y luego recrean esos movimientos en un vídeo.

Ejemplos más conocidos:
- heygen.com
- synthesia.io

Estas herramientas también te permiten generar avatares y crear vídeos con ellos.

## 5. Otros modelos de IA Generativa

- **Modelos generativos de código,** como las redes neuronales para programación, capaces de crear y modificar código.
- **Modelos Generativos de datos tabulares** que generan tablas de datos.
- **Modelos generativos para texturas y materiales 3D,** como las telas que se utilizan en un videojuego o una película de animación.
- **Modelos generativos en biología computacional,** capaces de generar modelos para utilizar en campos científicos como la biología.
- Modelos generativos para todo lo que se os ocurra: finanzas, moda, decoración, educación, publicidad, marketing, cine y animación, arte, literatura, etc.

\*\*\*\*\*\*\*\*\*\*\*\*\*\*\*\*\*\*\*\*\*\*\*\*\*\*\*\*\*\*\*\*\*\*\*\*\*\*\*\*\*\*\*\*\*\*\*\*\*\*\*\*\*\*\*\*\*\*\*\*\*\*

# PRINCIPALES HERRAMIENTAS PARA FAMILIARIZARTE CON LA IA GENERATIVA

Con la cantidad de avances y herramientas que aparecen nuevas cada día, a veces es casi imposible saber por dónde empezar.

Si tuviera que recomendar qué herramientas probar para familiarizare con la inteligencia artificial, sin duda, serán estas y por este orden:

1. Herramientas de texto: la mejor forma de empezar es familiarizarte con ChatGPT (y si quieres después con Gemini de Google, Copilot de Microsoft y Claude que tienen un funcionamiento bastante parecido). Creo que es más sencillo empezar con ChatGPT.
2. Herramientas de generación de imágenes.
3. Otro tipo de herramientas para generar por ejemplo un Power Point, una web o una canción.

# HERRAMIENTAS DE GENERACIÓN DE TEXTO

 ## Chat GPT de OpenAI

Aunque es difícil que no lo conozcas a estas alturas, es un chatbot basado en un Transformer llamado GPT al que puedes preguntar y pedirle que genere texto.

Creo que cualquier persona que no se haya familiarizado con la IA, tiene que empezar por ChatGPT.

Trastea, haz preguntas, cambia la pregunta en función de las respuestas que te dé, juega, experimenta, aunque sea únicamente para familiarizarte con ello.

Se aprenden muchas cosas simplemente probando.

## Mini tutorial de ChatGPT:

**Paso 1: Accede a chatgpt.com** y crea una cuenta si no tienes una. Una vez registrado, abre el chat para comenzar a interactuar.

## Paso 2: Inicia una conversación

Escribe en el campo de texto para iniciar la conversación. Puedes empezar con algo simple como "Hola, ¿puedes decirme para qué puedo utilizar ChatGPT?" o cualquier otra cosa que necesites saber (una receta de cocina, una definición...).

En el **siguiente capítulo veremos cómo perfeccionar los prompts** (un prompt es cada mensaje que escribes, cada pregunta que le haces o cada instrucción que le das a ChatGPT en el campo de texto).

Si ChatGPT fuera la lámpara de Aladdín, un prompt sería cada deseo que le pides.

NOTA: En realidad, el "prompt" será la instrucción que le damos a la IA, pero no únicamente en Chat GPT ni en herramientas de texto. Cuando queramos que una herramienta nos genere una canción, una imagen o una fórmula, por ejemplo, también escribiremos o le dictaremos un prompt.

**Paso 3: Utiliza el contexto y sigue la conversación**

ChatGPT puede recordar el contexto de la conversación, así que puedes hacer preguntas de relacionadas con el mensaje anterior, como si tuvieras una conversación con una persona. Por ejemplo, después de pedirle una receta de salsa de tomate y que te responda, y a continuación podrías decirle "¿Y cómo puedo hacerla más saludable?" y él sabrá que te refieres a la salsa de tomate de la que estáis hablando.

Cuando quieras comenzar una conversación nueva, puedes pulsar arriba a la izquierda en "Nuevo chat".

ChatGPT ∨

**Tu prompt (lo que le has pedido)** ⬆

¿Podrías decirme de forma esquemática loas 5 cosas más importantes que puedo hacer con ChatGPT?

**Respuesta de ChatGPT**

**Puedes editarlo**

¡Claro! Aquí tienes un esquema con las cinco cosas más importantes que puedes hacer con ChatGPT:

1. **Información y Conocimientos**

   • **Consultar Datos y Hechos**: Obtener información precisa sobre una amplia variedad de temas, incluyendo historia, ciencia, cultura y más.

   • **Aprendizaje y Educación**: Ayuda en el estudio y comprensión de conceptos complejos, así como en la preparación para exámenes.

2. **Asistencia y Productividad**

   • **Redacción y Edición**: Ayuda en la redacción y corrección de textos, incluyendo nsayos, correos electrónicos y artículos.

Envía un mensaje a ChatGPT

**Aquí seguirías la conversación**

# GEMINI de Google

El funcionamiento es similar en todas las herramientas de generación de texto. Necesitas una cuenta de Google para abrirlo, por lo que, si utilizas tu cuenta de Gmail o de otros productos de Google, ya "te conoce".

Recuerda que tu cuenta de Google está vinculada a Google Maps, YouTube, Gmail y el resto de los productos de Google.

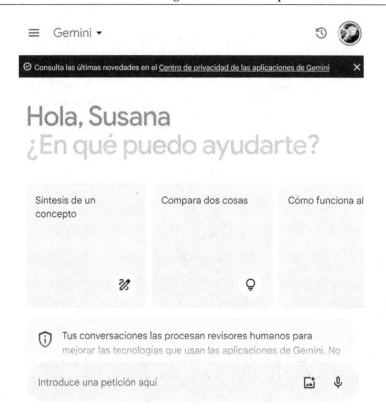

## Claude de Anthropic

Claude es una herramienta desarrollada por dos exempleados de OpenAI, Daniela y Dario Amodei .

Se diferencia del resto porque ha sido entrenado con fuertes principios éticos para evitar respuestas dañinas, sesgadas o engañosas.

Presume de ser el más respetuoso y de poder profundizar en gran variedad de temas, desde ciencias y tecnología hasta artes y humanidades. Posee capacidades de razonamiento y es capaz de realizar análisis, resolver problemas complejos mediante el razonamiento lógico y el pensamiento crítico.

Intenta adaptarse bastante al usuario (es el único que te pregunta tu nombre) y según se define a sí mismo de la siguiente forma: *"Soy claro sobre mis capacidades y limitaciones. No finjo tener habilidades que no poseo."*

En Europa empezó a estar operativo en mayo de 2024, por lo que tal vez no te resulte demasiado familiar, pero confieso que es una de mis herramientas favoritas (incluso por la tipografía y el diseño de la herramienta).

NOTA: Tener fuertes principios éticos no le resta efectividad a Claude.

Otros asistentes anteriores (de empresas muy conocidas) cuando trataron de generar modelos muy inclusivos se vieron afectados en términos de calidad, generando respuestas incongruentes (si, por ejemplo, le pedías imágenes de los últimos papas te devolvía únicamente fotos de mujeres).

En este sentido, modelos como Claude, están logrando que ser respetuoso y ético no esté reñido con la calidad.

 Hello, I'm **Claude.**

I'm a next generation AI assistant built for work and trained to be safe, accurate, and secure.

I'd love for us to get to know each other a bit better.

Nice to meet you, I'm...
Enter your full name

## Copilot de Microsoft

Para acceder a esta herramienta solo hay que iniciar sesión en el navegador Edge y utilizar una cuenta de Microsoft. Utiliza la tecnología de ChatGPT y, al igual que Gemini de Google, utiliza los datos que tiene sobre ti para mejorar tu experiencia.

# Plataformas híbridas

El hecho de que tanto Anthropic como ChatGPT están disponibles para utilizarse en herramientas creadas por terceros, ha dado lugar a lo que llamamos plataformas híbridas.

Las más conocidas son **ChatSonic** que se basa en varios modelos de OpenAi, **Poe**, o **Perplexity** que es una plataforma híbrida que une las ventajas de OpenAI y Anthropic.

Se dice que las ventajas de Perplexity es que genera respuestas más rápidas y profundiza más en los temas, contextualiza mejor, tiene mayor capacidad de síntesis y, sobre todo, te permite buscar y organizar las consultas anteriores que hayas hecho.

A cambio, cuesta un poquito más aprender a manejarlo.

# HERRAMIENTAS DE GENERACIÓN DE IMÁGENES

Las herramientas de generación de imágenes permiten crear fotos, pinturas de cualquier estilo, patrones (para telas, por ejemplo), dibujos para colorear, iconos, y todo lo que te puedas imaginar.

La generación de imágenes ha avanzado una barbaridad en los últimos meses.

Sin embargo, pese a que cada vez se ven menos errores, no todas las herramientas son capaces de generar correctamente, por ejemplo, texto dentro de una imagen.

Si, por ejemplo, le pedimos un niño con una camiseta que incluya un texto, es probable que al menos alguna de las opciones que nos devuelve sea con un texto un tanto "extraño".

Ya quedan atrás, por suerte, las herramientas que generaban imágenes de manos con seis dedos o algunos errores, por ejemplo, al sujetar objetos, pero a veces se genera alguna.

# DALL-E

DALL-E es una herramienta de inteligencia artificial desarrollada por OpenAI (la misma empresa que desarrolló ChtGPT) que genera imágenes a partir de texto.

Está integrada en ChatGPT así que puedes acceder directamente o a través del chat. Basta con escribir en el prompt "genera una imagen…".

# MIDJOURNEY

Tengo que admitir que Midjourney es mi herramienta favorita de generación de imágenes y es con la que he generado todas las imágenes de este libro, incluyendo la ilustración de la portada.

Es una herramienta de pago así que te recomiendo que te familiarices primero con las gratuitas, pero si te vas a dedicar profesionalmente o quieres generar imágenes de calidad te suscribas (cuesta unos 10-12 euros al mes).

Para acceder a Midjourney hasta ahora había que hacerlo a través de Discord y utilizar comandos como /imagine, lo que significaba una barrera de entrada para usuarios no demasiado "técnicos" pero ya se puede acceder a través de la midjourney.com con una interfaz mucho más sencilla.

En 2024 la competencia ha provocado que Midjourney no dejara de evolucionar e incorporar nuevas funcionalidades, incluido un editor.

Te recomiendo que accedas a los cursos y actualizaciones que iré publicando para los lectores del libro (encontrarás un QR al final del libro).

 **STABLE DIFFUSION**

La principal característica de Stable Diffusion es también una herramienta que permite crear imágenes a partir de texto ("text to image").

Es una de las que cuenta con mayor calidad, versatilidad y proporciona bastantes parámetros (como el estilo artístico, la composición, la iluminación, etc.) para poder ajustar el resultado.

Además, te da la opción de crear imágenes a partir de otras ("Image to Image"), editándolas o añadiéndole elementos que le pidas, o borrando una parte.

La forma más fácil de usar Stable Diffusion es a través de la web de Dream Studio (creada por los mismos desarrolladores).

Para generar imágenes han aparecido multitud de herramientas y muchas se han integrado dentro de otras.

Leonardo fue comprado por Canva, por ejemplo.

# HERRAMIENTAS DE IA GENERATIVA PARA CADA NECESIDAD

Podríamos decir que a estas alturas existe al menos una herramienta de IA para cada necesidad que tengas.

El problema es que muchas de ellas te dan acceso a una demo y, para ello, te exigen un registro que a veces merece la pena, pero muchas otras no.

Yo misma he terminado registrándome en muchísimas plataformas que luego me dejaba crear tan poco con la versión gratuita, que me he arrepentido.

Sin embargo, cada vez hay más herramientas que me sorprenden y que termino integrando en mi vida personal y profesional y no puedo más que recomendárselas a todo el mundo.

Veamos una pequeña muestra de las que considero mejores en este momento. Recordad que tendréis acceso a la lista actualizada en todo momento a través del siguiente código QR:

## CREAR PRESENTACIONES EN POWER POINT O PDF

**GAMMA (gamma.app)**

Es una herramienta que te permite crear presentaciones en Power Point o PDF de dos formas:

- Diciéndole simplemente un tema y dejando que te cree la presentación. Te preguntará si quieres que te genere las imágenes por IA o utilizar imágenes gratuitas de stock, cuántas diapositivas quieres (la opción gratuita deja 10 máximo pero permite crear muchas presentaciones que después puedes unir) y otra serie de ajustes.

- Importando una presentación para mejorarla.

A mí me ha impresionado porque sabiendo lo que quieres, muchas veces te sirve de punto de partida al estructurar, colocar y dar formato a la información y, si sabes del tema, puedes ajustar el resultado después de descargártela.

## CREAR UNA WEB EN WORDPRESS EN SEGUNDOS

### 10WEB (10web.io)

Esta herramienta te pide que le digas de qué quieres y te genera un sitio web completo en WordPress.

Le puedes decir "quiero una web de un restaurante italiano especializado en mascarpone y pizza" y te genera una web con todos sus apartados, equipo, instalaciones, páginas de contacto (con datos inventados, lógicamente) y hasta el menú.

Me pareció muy interesante porque me dedico a crear webs en WordPress y, al principio, no podía creerlo.

El resultado me dejó maravillada, pero es verdad la empresa propietaria de la herramienta se dedica al alojamiento de páginas web y a la venta de dominios, entre otras cosas, y si quieres modificarla tienes que se usuario de pago.

## CREAR UNA CANCIÓN

### SUNO (suno.ai)

Suno.ai te permite crear canciones a partir de un texto que le des.

Su funcionamiento es similar al del resto de herramientas: escribes un texto y de forma automática te genera la canción (puede ser instrumental, con letra y con todo tipo de estilos).

# CREAR VÍDEO

2024 ha sido el año, sin duda, de las herramientas de generación de vídeo.

El anuncio de Sora provocó que una gran cantidad de empresas se lanzaran a sacar herramientas que incluso lo superaban.

## Runway Gen-3 Alpha

Esta herramienta te permite generar vídeo y también audio y 3D.

La creación de video se hace escribiendo un simple texto y, al igual que las herramientas de generación de imágenes, te da varios resultados a elegir que puedes ajustar después a través de distintos parámetros.

Los resultados son espectaculares.

Las mejores a fecha de diciembre de 2024:

KLING AI

LUMA DREAM MACHINE

PIKA

SORA

Y la última en llegar VEO de Google.


# CREAR UN AVATAR

## HEYGEN (heygen.com)

Un avatar es una figura que te representa en un mundo virtual. Puede ser igual que tú o no.

Esta fue una de las primeras herramientas que nos permitió crear avatares personalizados a partir de una foto o vídeo propios o elegir entre plantillas o guiones propuestos por ellos.

Existen otras también reseñables como **Synthesia.io,** pero creo que en los próximos meses viviremos una explosión de herramientas similares.

## MEJORA DE IMÁGENES

### MAGNIFIC (magnific.ai)

Se trata de una herramienta creada por un español que permite mejorar la resolución de una foto de manera increíble logrando un nivel de detalle espectacular.

## MEJORA DE TEXTOS

### GRAMMARLY (grammarly.com)

Grammarly es una herramienta que ayuda a pulir y mejorar los textos. Revisa la gramática, el tono, la claridad e incluso la coherencia. Son interesantes sus integraciones en otras plataformas, asistiéndote en la creación de textos en algunas webs, redes sociales, o correos electrónicos.

## BÚSQUEDAS MÁS EFICACES

### PERPLEXITY (perplexity.ai)

Perplexity AI es una plataforma híbrida de la que ya hemos hablado que combina la potencia de un buscador con varios modelos de lenguaje permitiéndonos un nivel de profundidad bastante considerable en las búsquedas.

En 2024 con la llegada de Search GPT (un modo de búsqueda dentro de ChatGPT) parece que no es tan necesaria pero veremos lo que ocurre en 2025.

## CLONAR VOCES

### ELEVEN LABS (elevenlabs.io)

Eleven Labs genera voces de calidad en cualquier estilo e idioma.

Utiliza la tecnología de Deep learning para generar o clonar voces con una calidad increíble.

## CREAR AUTOMATIZACIONES

### MAKE (make.com)

La herramienta más potente para hacer automatizaciones de forma sencilla es MAKE.

Entre otras cosas te permite crear flujos entre distintas apps.

Por ejemplo: Le puedes pedir que cuando recibas un correo con un presupuesto, copie el texto, lo lleve a ChatGPT para que genere una tabla y la vuelque a Excel. Y después podemos pedirle que después busque un hueco en el calendario para revisarlo.

## CREAR UN CHATBOT

**CHATFUEL (chatfuel.com**) te permite crear un chatbot que interactúe con los usuarios de tu web y otras plataformas.

**MANYCHAT (manychat.com)** permite crear bots que interactúen con tus seguidores en redes sociales. Todos hemos visto perfiles que te dicen "si quieres que te envíe (lo que sea), deja un comentario con tal otra palabra.

Eso se hace con herramientas como Man

# CÁPITULO 9
# LA CAFETER-IA

Te confieso que me ha costado saber dónde parar.

Si algo he descubierto en los últimos meses es que diariamente hay noticias importantes sobre Inteligencia Artificial y que, resulta casi imposible no descubrir, también cada día, dos o tres herramientas nuevas que alguien te recomendó en alguna newsletter o red social, y querer probarlas.

Sin embargo, en estos momentos, tenemos demasiada información, desordenada y a veces, confusa.

Ya te he contado que yo misma me he registrado en webs que ofrecían herramientas maravillosas, para después descubrir que no merecían realmente la pena, o que la parte gratuita apenas permitía hacer nada.

También, a través de recomendaciones, he descubierto herramientas que utilizo a diario, y otras que me fascinan, pero aún no he probado, por no estar 100% convencida de su seguridad o la privacidad de la información que les proporciono.

También te he contado que en los últimos meses he dedicado muchas horas, viajes, madrugadas y fines de semana a formarme, a leer libros, noticias, escuchar podcasts... pero, sobre todo a trastear, a probar y experimentar con muchas herramientas.

Esto me ha ayudado a hacerme una idea de las posibilidades de la Inteligencia Artificial y de lo sencillo que puede ser utilizarla si te la explican de manera fácil.

Espero que este libro te haya ayudado a comprender bien cómo funciona la IA y a tener una base sólida que te permita entender y participar de todo lo que está por llegar.

Espero también haber logrado despertar tu curiosidad y haber encendido una pequeña llama que te haga querer seguir aprendiendo en este campo.

Sabiendo la velocidad a la que ocurren las cosas en el campo de la Inteligencia Artificial, y lo difícil que puede resultar estar al día de todo, me pareció buena idea crear una web con un novedades, opiniones y demos que yo misma voy descubriendo y que quiero que todo el mundo conozca.

Así fue como nació la idea de La Cafeter-IA, una web que pretende ser un rincón donde encontrar información, novedades, noticias y formación sobre Inteligencia Artificial, siempre explicada de forma fácil y sencilla, que os permitan seguir aprendiendo después de leer este libro.

Como prometí en la introducción del libro, te dejo un código QR que te lleva a **LaCafeter-IA.**

En la web, además de sorpresas que están por venir, encontrarás el link para suscribirte a la newsletter.

lacafeter-ia.com

También puedes acceder en <u>lacafeter-ia.com</u> o seguirme en redes sociales como Instagram (@lacafeter.IA) .

# CÁPITULO 10
# MENSAJE FINAL

No pretendo quitarte mucho más tiempo, pero no puedo terminar este libro sin agradecerte que hayas llegado hasta aquí.

Espero que haya cumplido tus expectativas y, sobre todo, te haya ayudado a quitar esa capa de complejidad que a menudo tiene todo lo relacionado con la tecnología, y hayas descubierto que eres perfectamente capaz de entender el mundo de la inteligencia artificial.

Confío en que te haya servido de guía y sobre todo de punto de partida para comenzar a entender lo que, en pocos meses, será una constante en nuestra vida profesional y personal.

Mi más sincero agradecimiento a quien haya comprado, recomendado, prestado o regalado este libro a otras personas, y a quien tenga un minuto para dejar una reseña en Amazon o cualquier otro lugar.

Gracias de corazón por tu tiempo, tu curiosidad y tu confianza.

# ACERCA DEL AUTOR

Susana García (Oviedo, 1973) es Licenciada en CC.
Económicas y Empresariales por la Universidad
Complutense de Madrid.
Ha trabajado en la Bolsa de Madrid, Hewlett Packard
España, Terra Networks y Telefónica Multimedia.
Desde 2006 se dedica al marketing digital y a la
formación en diversas escuelas de negocios, e imparte
cursos, seminarios y talleres para empresas y
particulares.
Es la fundadora de 1012 INTELLIGENCE S.L. y autora
de varios blogs de temáticas muy distintas.

Perfil de LinkedIn

www.ingramcontent.com/pod-product-compliance
Lightning Source LLC
LaVergne TN
LVHW051228050326
832903LV00028B/2295